アースヒストリー

-Earth history-

(2)

飯田 哲也

学文社

目　次

イントロダクション ———————————————————————— *1*

第1章　国境のない世界 ————————————————————— *5*

　イントロダクション　*5*

　1．「国家」はしばし存続する　*7*

　　▼ 単一国家にする必要はない　*7*

　　▼ 地方自治体的な「国家」　*10*

　2．ゾーンという発想　*12*

　　▼ 現在の国家モデルの改変　*12*

　　▼ エリアからゾーン形成へ　*13*

　3．新たな地球地図　*15*

　　▼ ゾーンの具体例　*15*

　　▼ 地上，地下，空間の整備　*16*

第2章　拡大する活動空間 ———————————————————— *21*

　イントロダクション　*21*

　1．地　　球　*23*

　　▼ 地球の構造　*23*

　　▼ 地球活用の拡大・充実　*25*

　　▼ 地下の活用　*29*

　　▼ 地球空間の活用　*31*

　2．月　*35*

　　▼ 月の活用をめぐって　*35*

　　▼ 人工衛星・宇宙ステーション・宇宙エレベーター　*37*

　3．金星・火星・その他　*39*

　　▼ 金星と水星　*39*

　　▼ 火　　星　*41*

▼ その他　*42*

第3章　人類社会の企画と管理 —————————————— *45*

イントロダクション　*45*

1．全体像　*48*

　▼ ゾーンとエリア　*48*

　▼ 分　　野　*50*

2．経　　済　*54*

　▼ 全体のあり方　*54*

　▼ 公的経営体　*56*

　▼ 私的経営体　*58*

3．人間形成・維持・発展　*60*

　▼ 教育・学習経営体　*61*

　▼ 生涯学習・研究について　*64*

　▼ 医療・福祉など　*66*

4．社会秩序　*70*

　▼ 資源・エネルギー，環境　*71*

　▼ 交通・宇宙　*73*

　▼ 治安と軍　*75*

第4章　仕事は義務である —————————————— *81*

イントロダクション　*81*

1．人間の本質としての仕事　*83*

　▼ 人間にとって仕事あるいは労働とは　*83*

　▼ 仕事時間　*85*

　▼ 仕事と収入　*88*

　▼ 仕事の多様性をめぐって　*90*

2．ロボット　*92*

　▼ ロボットについて　*93*

▼ 人間生活とロボット　*95*

▼ ロボット環境　*100*

3. 自　　然　*102*

▼ 自然的存在としての人間　*102*

▼ 心身の形成・維持・発展について　*104*

▼ 教育はやはり重要　*106*

▼ 環　　境　*108*

4. どれだけ仕事をするか　*110*

▼ 基本的な考え方　*110*

▼ 生活時間の具体的展開　*112*

▼ 再び仕事の多様性をめぐって　*114*

第5章　人々の日常生活 ———————————————— *121*

イントロダクション　*121*

1. 家　　族　*123*

▼ 家族についての基本的な考え方　*123*

▼ 家族をつくること　*125*

▼ 家族機能と役割分担　*127*

▼ ライフサイクルについて　*130*

2. 地　　域　*132*

▼ 地域についての基本的な考え方　*132*

▼ 条件としての地域　*134*

▼ 相互活動としての地域　*137*

▼ 地域の創造　*139*

3. 教育経営体をめぐって　*140*

▼ 学　　校　*140*

▼ 学校外経営体　*142*

▼ その他　*144*

4．職　　場　*146*

▼ 職場について考える　*146*

▼ 職場の多様性　*148*

▼ 職場の形成・維持・発展について　*150*

5．その他の生活分野　*151*

▼ 日常生活　*151*

▼ いわゆるレジャーなど　*154*

▼ 「自由時間」の活用の多様性　*155*

第6章　人生の生き甲斐と楽しみ ──────────── *159*

イントロダクション　*159*

1．人生航路の選択　*162*

▼ 選択の自由　*162*

▼ 選択の条件　*165*

▼ 人生航路と考える　*167*

2．自由時間の拡大と活用　*169*

▼ 自由時間の活用　*169*

▼ 柔軟性が必要　*171*

▼ 具体的には　*173*

3．無為の時間をめぐって　*175*

▼ 時間の使い方　*175*

▼ 生き甲斐を求めて　*178*

▼ 気持ちの持ち方が大事　*180*

エピローグ ──────────────────── *185*

イントロダクション

　「アースヒストリー」という表現での「新・ユートピア」の構想に
ついてなんとなく考え始めたのは，実は (1) より先に (2)（以下では
『アースヒストリー (1)，(2)』をこのように表す。なお、次の著作を (3)
と表す）からの順序であり，2009年頃だったように記憶している。そん
な時に，100年後の世界を考える参考にしようと，数人の親しい友
人たちにおおよその構想を話し，「ところで，その頃には1週間に働
く時間はどれくらいだと思うか」と問うてみた。返ってきたのは30
時間くらいだろうというのが大部分だった。私は「それではユート
ピアにならない，現在の現実があまりにも念頭にありすぎると思う」
と笑いながら応答したものである。さて私の描くユートピアにおけ
る「仕事」については，その意味と多様性を軸にして〈第4章〉で語
ろうと思う。

　(1) は，私の実際の生き方でもある理想主義的現実主義というス
タンスによって展開した。この (2) は理想主義へ傾斜したスタンス
で展開するが，かといっていわゆるSFではない。『サイエンス・ファ
クション』という本を参考にしているとすでに書いたように，『宇宙
戦艦大和』や『スター・ウォーズ』のようなSF映画にあるワープ移
動などはありえない。専門家によれば，理論的には四次元世界とし
て可能でも実際には不可能だそうである。しかし，現在はほとんど
不可能であっても，理論的かつ実践的に可能なことにたいする夢は
膨らませようと考えている。とりわけマクロとミクロの両端とも言
える宇宙への夢と生命への夢は興味深いのではないだろうか。ミク

ロのSFの例として『2010年 宇宙の旅』という映画に乗組員がカプセルの中で冬眠しているシーンがある。しかし，現在の科学では理論的には人間の冬眠は不可能なようである（きわめて短い時間の冬眠が可能であるという最近の情報があるが，100年後にはどうなっているかをもう少し追求する必要があるようにも思われる）。私の社会学理論では〈マクロ―ミドル―ミクロ〉リンクという把握が目指されているが，自然科学ではどうであろうか。私の念頭に多少はあるが，自然科学（宇宙論からナノテクノロジーまで）を再び学習し直すとどのように具体化できるか，私自身もその学習結果には興味津々である。

　では，科学・技術の想像を絶するような発展の下での100年後の新しい自然的・社会的環境で，人々はどのような人生（生活）を送るのであろうか。この面については，一方では大多数が認めると思われる生活―例えば空間的移動の驚異的発展や経済的生活水準の向上など―の発展という点が挙げられるが，他方では生きることをめぐる価値観の多様性という点にもぶつかることになるであろう。前者については大部分の人には異論があまりないと思われるが，後者の点になると人々の価値観などの違いによって一様ではないと考えられるので，いささか哲学的（主観的）になると思われる私見を〈第5章〉で語ることになるであろう。その場合には異論があって当然であるが，1つの考え方と受け止めればよいであろう。例えば家族生活について考えてみると，家族生活をしないということも含めてきわめて多様であろう。家族構成の多様性については，その時点で考えられるかぎりでのあり方を20年以上前に公表している（飯田哲也『家族と家庭』学文社 1994年 96ページ）。

　家族生活以外の日常生活もまた多様であろう。地域，学校，職場

の生活，そしてその他の自由時間などが考えられるが，これらについてはやはり多様な可能性として展開するが，これまた1つの考え方として受け止めればよいであろう。

　なお，ことわっておきたいのは，(2)で展開するのは地球ユートピアの原型だということである。宇宙・地球といった自然的環境に大変動が起きないかぎりは，そして人類が現在の「危機的情況」を回避して新たな世界を造っていくならば，人類社会は持続的に「発展」し続けるであろう。そのような意味では100年後の世界も人類史の1つの通過点ということになる。したがって150年後，200年後までは予測ができないし企画もできない。現在の人間にとってはSF的な世界しか描くことはできないであろう。ほぼ100年後の地球世界の原型を描くことによって，現在の人々にはそこを目指してほしいし，より後世の人がさらに発展する地球世界を創造してほしいというのが私の意図である。

　もう1つ加えておきたいのは，(2)で語るにあたっての私のスタンスである。確かに100年後の地球世界という夢を語ることにはなるが，その具体的な展開もさることながら，夢を語ることによって夢を持つことの必要性あるいは大事さをも合わせて訴えたいと思っている。いきなり〈番外編〉のような文になるが，現代人の多くは夢を持つことを失っている，あるいは夢とは何かということを考えなくなっているように思われる。私の「現役」時代には大学生に夢についてしばしば語ったものである。というのは，1990年代に入ってからは，大学生の世代の多くが夢を持たなくなったあるいは夢とは何かを知らなくなったように思われたからである。40人ばかりの大学生にどんな夢を持っているかを言わせてみたことがある。「結婚し

て平凡な主婦になる」「多分サラリーマンになる」などが多く，「白バイの警察官になる」というのはまだいい方である。これでは単に卒業後の進路を語っているにすぎない。夢らしきものにぶつかったのは「将来いつかは無人島に住みたい」という夢であった。もっともこのような若者が増えたことは，将来への豊かな希望が持ちにくい社会の現実を反映しているのかもしれない。

　私見では，夢と希望は不可分であると思う。いずれも「未来志向」という思考のあり方と言えよう。「夢も希望もない」という言い方があるが，それは未来がないあるいは未来が全く見えないという状態であろう（事実として，未来論には人類の破滅を予言的に述べている著作もある）。これでは未来に向けての何らかのチャレンジができるはずはない。したがって個人でも社会でも発展が期待できない。私と同じような（似たような）未来志向であるかどうかにかかわらず，もし人間の未来を信じるならば，何らかの夢と希望を持ってこの社会にかかわるべきではないだろうか。これ以上言うのはやめよう。これを読む人が私と一緒に「夢と希望」を共有できることを望んでいる。

　そんな思いもあって，初めは小説風に書こうかと思っていて（生涯に１つくらいは小説を書いてみたいという夢を持っていたので），試みに若干は書いてみたが，私には小説を書くような文才がやはりないことにすぐに気づいて，読む人には面白くないかもしれないが，(1) と同じようなスタイルで書くことにして，同じように〈番外編〉を若干はまじえることになるであろう。それではこれから私と一緒に100年後の世界へ行ってみようではありませんか。

第1章　国境のない世界

イントロダクション ──────────────

　現在の地球世界には200くらいの国家があり，したがって当然国境があり，そして国境は国家にとっては必要でもある。大きくは国家維持のためであり，関税その他の経済的意味において，外国人（自国人も）の出入国の管理において，そして国土の防衛において，などなどに国境は不可欠であると言えよう。他方，国民生活にとってはプラスマイナス両面があると考えられる。上に挙げた国家維持と重なる部分は国民国家であるために当然ではあるが，やや卑俗的に言えば，他国の生活習慣などの極端な相違なども受け入れがたい部分が一定程度あり，そのような外国人がむやみに入ってくることを防ぐ意味があることも指摘できるかもしれない。現在の地球人はどの国に属していようとも，生活における極端な違いを受け入れるほど寛容ではないことは，いわゆる難民の受け入れも含めて，「移民制限」などにも現れている。事実としても，外国の旅行者とのトラブルがしばしば報道されていることはほぼ周知のことであろう。

　他方では，人々の生活活動においてはデメリットもある。それは自国から離れて外国旅行，外国生活をする場合にはとりわけそうであろう。私自身は20世紀末から21世紀初頭にかけての20年ばかり毎年中国へ行き，やや長期滞在を続けたが，生活の違いそのものは慣れるとほとんど気にならなくなった。ただし，これは私の性格によることであり，そして下手な中国語をともあれ話せることによること，しかも中国生活・中国人に慣れることなどによると思われる。し

かし，人によっては，とりわけ短期旅行ではほとんど慣れなくて，こりごりだという話も耳にしたことがある。移動するとホテルに泊まる場合にはパスポートが必要であることは言うまでもないが，中国では友人の家に宿泊する場合にもそこの「公安」に出頭しなければならないので，ともあれ煩雑であった。

　国家（と国籍）が存在するかぎりは国境はあり，国境を越えると外国人なのである。結論を先取りすれば，100年後の「ユートピア世界」では国家がなくなり，したがって，国境もない地球世界が現れることになる。国家に代わるあるいは国家の解消の方向として，新たに「エリア」概念を (1) ですでに提示しているが，それだけでは新たな質の異なる地球世界にはならない。そこで，新たな地球世界への具体的プロセスと新たな地球世界のほぼ「最終的な」姿＝新たな地球地図をこの章では示すことになるが，さらに地域の新たな区分概念として〈ゾーン〉という考えを導入することになるであろう。しかし，ここまでは地上の陸地についての話である。21世紀中頃までの国家が存続する世界では，各国家の領土・領海・領空があった。新たな地球世界では，海洋なども含む地上，そして単に領空にとどまらない拡大した空間などの性格もまた確定する必要がある。さらに付け加える必要があるのは，地下についての性格づけである。これまでは領土・領海の延長という程度であり，せいぜい地下資源と結びついて考えられていたにすぎない。しかし，人類が活用可能な空間が拡大するだけでなく，活用可能な地下もまた拡大するはずである。詳述はあとにまわすが，地球の直径は1万3,000km（つまり半径が6,500km）であり，人類に多少とも具体的に知られている地下はたかだかその10分1程度にすぎないであろう。

　地下だけでなく，地上についても全世界において調和ある活用が当然必要になるはずである。これまでの世界の問題性の元凶の 1 つと見なされる国家の乱立，そしてとりわけ「大国」の国家エゴという情況に代えて〈エリア〉と〈ゾーン〉を設定することは，これまた地上の調和ある有効活動と結びつく必要がある新たな発想によるものにほかならない。空間をどの程度まで想定するかは大事なことではあるが，これまた同様の考え方が適用される。つまり，これまでの既存の国家の領土・領海・領空に代わって，地球の活用は世界的（地域的）分業のあり方も含めて再編成されることになる。先に挙げた〈エリア〉と〈ゾーン〉という新たな性格の地域の設定は，新たな地球再編成の重要な発想によるものにほかならない。

　さて，どんな地球図が描かれるだろうか。

1．「国家」はしばし存続する

▼ 単一国家にする必要はない

　世界を 1 つにするという考え方には，「地球共和国」あるいは「世界共和国」という表現などでこれまでも時々は語られてきている。しかし，21 世紀初頭の世界を思い浮かべるならば，20 世紀後半までに語られているそのような考え方の現実化への方向にはほとんど進んでいない。なにしろ（(1) で展開したように）国家エゴが民族性ともからんできわめて強いからである。21 世紀初頭の世界の現実について考えるならば，100 年後のユートピアを描くにあたっても，20 世紀までの自国あるいは母国・祖国という考え方・意識から脱することが重要である。しかもそのような意識が簡単には消えないことをも

念頭におく必要がある。他方では，その対極にあると思われる「地球共和国」という思考とは異なる思考が必要ではないかと思う。これについてはこれまでの識者が言葉としては述べているが，やや詳しい具体像はほとんど述べられていない。

　思考を転換するならば，世界を「地球共和国」というまとまった「単一国家」をはじめから構想するのではなく，地球上の各領域に国家的要素が残存しているような「世界連邦」という考え方から出発するのが妥当ではないかと思う。どのくらいの未来になるかはわからないが，いつかは国家は消滅するあるいは人間の意識から国家がなくなり，国家が博物館入りする時代が来るかもしれないことを，私は全面的に否定するつもりはない。その時には多分「地球共和国」のような世界がやってくるかもしれない。

　しかし，21世紀初頭までの人々の生活，文化などの多様性を考慮するならば，「国家」や「民族」が存続する下での「世界連邦」という姿として立ち現れることになる。つまり最終的？とも思われる「ユートピア」への通過点としてのユートピアとしては，世界のコントロールができる「世界連邦」という姿が人類にとってベターであるということにほかならない。エリア形成・拡大そしてゾーンの設定という方向の追求は国家の存在を否定するものではあるが，それでも地域によっては国家的要素がかなり長期にわたって存続するであろう。(1) で差別と相違について述べたが，国民性あるいは民族性が一朝一夕で形成されるものではないことと同じように，たかだか50年や100年で解消される性格のものではない。このことは世界の歴史を振り返ってみれば容易にうなずけるはずである。とりわけ宗教的対立を例にするとわかりやすいであろう。多様な宗教が存在す

るなかで，いわゆる一神教は自らの信じる神が唯一絶対であるがために，他の宗教を否定する意識が強いようである。そのような対立は2000年以上も続いていることはほとんど周知のことであろう。人間が信仰ではないかたちで宗教的支配から解き放たれるのにどれだけ長期間を要したであろうか。いや，21世紀に入っても解き放たれていない人々がまだまだたくさんいること，そして国家とも関連していろいろな「紛争」を惹き起こしていることもほとんど周知のことであろう。したがって，国民性あるいは民族性と不可分な性格の国家をただちに解消することは至難であると言えよう。もう1つ困難なこととしては，政治体制あるいは民主主義の発展度の違いが国家を完全に解消することを阻む大きな要因であることを指摘することができる。民主主義の発展については以後にもしばしば具体的に述べるが，単に制度だけでなくいろいろな面から考える必要があるとだけさしあたりは言っておこう。

「世界連邦」を目指すエリア・ゾーンの連合（そしてそこに属する人々）では，これまでのそのような意識から解き放たれることが必要である。私の想定では，エリア形成は2040年頃からはじまり，地球上のほとんどの地域でエリア形成が完了するには30～40年くらいが必要であると思われる。そしてゾーンも含めてある程度の地球図ができあがるにはおそらく100年は必要であろう。その頃になれば，国家意識から解放されていないエリア形成の第一世代から次の世代（おそらく第三世代）へと移行しているであろう。このことはいわゆる移民の人たちを想起すれば容易にうなずけるのではないだろうか。第一世代には元の母国意識が残り続けているようである。したがって，エリアへの所属意識が旧国家（母国）意識よりも強くなることが

期待されるのはエリアの第二世代からということになるであろう。
では母国意識に代わる意識とはどのような意識なのか。それは次に
述べるようなある種の「地方」自治体的な意識として，現在の故郷
意識のようなものである。

▼ 地方自治体的な「国家」

　世界の大部分の国家には地方自治体がある。日本には都道府県が，
アメリカには州が，中国には省が，といった地方自治体があり，し
かもそれぞれの国家によって地方自治体の権限（国家との関係）が
違っている。可能な方向について考えるならば，ユートピアであっ
ても，これまでの巨大国家あるいは連邦的国家のあり方が1つの参
考になるであろう。あくまでも参考素材であり，モデルではないこ
とを強調しておこう。歴史上に存在する（した）参考素材はいくつか
ある。例としてはいわゆる巨大国家が適切であると思われるので，
そのプラス面とマイナス面について考えてみよう。

　歴史上に現れては消えた（あるいは変化した）巨大国家のプラス面
は生産力の発展と文化の向上（普及かもしれない）であろう。しかし，
そこに属している「国民」の多くにとってはマイナス面の方が著し
いのではないだろうか。ほとんど周知のことと思われるので，簡単
に指摘しておこう。

　歴史上の最初の巨大国家はおそらくローマ帝国であろう。が，近
代以降においては，大英帝国，旧ソヴィエト連邦，中華人民共和国，ア
メリカ合衆国などを巨大国家として挙げることができる。これらの
諸国家は（州や省など）いくつかの「統治地域」に分けられているが，
アメリカをのぞいてはおおむね独裁色が強く，ある種の民族差別も

認められる（アメリカにもないわけではない）。巨大国家についてこの
ように考えると，ベストとまでは言えないが，アメリカ合衆国が巨
大国家のあり方としては相対的にベターであり，一種の「モデル」的
な素材を提供していると言えないこともない。どのような意味でそ
うかと言えば，国家として当然のある種の中央集権的な政治形態で
はあるが，地方自治体としての各州の相対的独自性（独立性）が他の
巨大国家よりも顕著であると言えそうだからである。

　「モデル」的な素材としての巨大国家について上のようにみなすな
らば，そして現存の国家が簡単には解消しないとするならば，当初
の世界連邦と既存の国家および新しく形成されたエリアとの関係は
巨大国家と地方自治体との関係と似たような関係からスタートする
ことになる。若干具体的に想定するならば，世界連邦の中央政府は，
世界連邦の具体的な企画・管理，世界レベルの司法，軍事，外交と
してのエリア・その他の地域（継続している国家）をめぐる調整（次第
に統治的性格になるであろう），などを挙げることができる。他方，地
方自治体的存在のエリアなどは，それぞれのエリアで歴史的に形
成・存続している独自の生活文化を考慮した独自な統治的管理が当
初は必要であろう。さらに加えると，次に述べる「ゾーン」の一部
分としてエリアは存続するので，ゾーン内部での企画・管理をめぐ
る調整も必要になってくる。そこで次に「ゾーン」という新しい発
想にしたがって，新たな「地域」の性格と新たな世界地図を描くこ
とにしよう。

2．ゾーンという発想

▼ 現在の国家モデルの改変

　私は日本人なので，大きな変革といえば明治維新を想起するし，明治維新における多様な改変の中では，この項を考えるにあたっては廃藩置県がモデルとまでは言わないが１つの具体的素材にはなるのではないだろうか。日本人にとってはほぼ知られていることではあるが，明治維新以前の徳川政権の下では大小様々な藩と幕府の直轄領，その他の領地が入り組んで存在していた。そのような藩を廃して（藩主である世襲の大名をなくして）地方自治体としての県を設置するというかたちの中央集権国家がつくられた。

　これと全く同じというわけではないが，エリア形成は以前の国家を残しつつも（ここが明治維新とは大きく異なる），エリアの拡大によってそれまでの国家を大きく改変することを意味する。ほぼ周知のように，地球上には大小様々な国家が200ほどある。国家の数は第二次世界大戦以後急速に増え，21世紀に入っても増え続けている。これには植民地の独立，従属的な民族の分離独立，その他いろいろな理由があるだろう。しかし，やや極論的に言えば，従属的差別以外にはそれぞれの諸国民の生活がどれだけ変わった（向上した）かははなはだ疑問に思われる。

　すでに（1）でエリア形成・拡大の方向について述べたが，エリアが少なくとも地球上の３分の２程度に拡大したならば，これまでの国家を大きく改変する時期にさしかかっていると言ってよいであろう。第一段階として，すでに形成されている「エリア連合」における指導層などによる決定機関と企画・実行（行政的運営）機関を整備

することである。第二段階として，拡大したエリアからまずは国家を解消することである。しかし，ただ解消しただけでは，半ば無政府状態であると同時に，それまでの多様な格差を残存したままということになるであろう。第三段階としては，次項で展開するような新たな〈ゾーン〉形成と整備ということになる。新たなゾーン形成についての考え方，およびこれらの具体的プロセスと新たな地球＝世界地図については以下で展開することになる。

▼ エリアからゾーン形成へ

エリア形成にあたっては，各エリアの住民生活・文化─主に生活格差と習慣など─の多様性・複雑性を考慮して慎重に進める必要があったが，地球上の大部分の地域がエリア的性格になると，エリアの「地方自治体」的性格を残しながらも，次の最終的な段階はより大きな地域的区分として，新たにもっともマクロな発想によって，〈ゾーン〉形成という新たな世界の地域的区分というのが私の考えである。

〈エリアからゾーン形成へ〉とはいかなる発想によるものであるか。ゾーンに類似したものはこれまでの国家・地域にはない。エリアはすでに例示したりしているので，一定のイメージが持てるかもしれないが，私が語ろうとしているゾーンという言葉も発想もこれまでにはない領域概念である。エリア形成は既存の国家の解消を目指しながら拡大していくという性格であるが，その到達点として既存のすべての国家（まだエリアには至っていない）とすでに形成されたエリアが地方自治体的性格として世界連邦の管理の下に存在するようになることによって，地球社会レベルでの「新・ユートピア」の

地球規模での全体的企画が始まることになる。

　ゾーンとは，一言で言えば，新たに企画された地球のもっとも大きな領域区分であり，企画・管理区分 (地域単位) である。エリアだけではなしになぜゾーンというより大きな領域区分が必要なのか。理由は2つある。すでに触れているように，現在 (21世紀初頭)，世界には200ほどの国家がある。一方では，アメリカ，ロシア，中国，インドなど人口・面積ともに巨大な国家があり，他方では，人口が50万人にも満たない国家，面積が50㎢に満たない国家がある。後者のような国家をそのままのかたちでその国家だけの力で「現代文明」の水準にまで高めることは，たかだか50年程度の期間では不可能に近いであろう。もしかしたらそれらの国民がそのような「文明水準」にすることを望まないかもしれない。しかしながら，居住民が望むと望まないとにかかわらず，「文明の利器」はそのような小さい面積・人口の国家にも押し寄せてくるはずだし，現に「後発国」のアフリカには部分的にかなり押し寄せてきている。その場合，具体的国名を挙げないが，例えば電気製品やいろいろな工業生産物において，ある国と別の国の製品の品質にかなりの違いがあることはほぼ知られていることである。これはほんの一例にすぎないが，「先発国」のなかでも輸出入問題が (関税ともかかわって) 大きな課題として継続して存在しているのも，これまた周知のことであろう。つまり，そこの領域の居住民の意思を必ずしも十分に考慮しなくても，必要なものについては容易に手に入るということにほかならない。

　もう1つの理由としては，自然条件の違いをどのように考慮するかということである。現在の国家について考えてみると，ある国は極寒が多く，ある国は酷暑が多いなど気象条件が大きく異なっている。

そして陸地について考えてみると，平野，森林，山地（さらには砂漠）などの割合が大きく異なっている。産業（＝世界的分業とりわけ第一次産業の分担地域）のあり方を企画するには，新たな領域区分が必要であると考えられる。エリアについては，(1)で若干は具体的にイメージできるかたちで簡単に例示した。そこで，ゾーンという新たな発想にしたがって，あくまでも例示の域を出ないが，ゾーンによる世界地図を示すことにしよう。

3．新たな地球地図

▼ ゾーンの具体例

　ゾーンというのは，地球世界におけるもっとも大きな「国家的」自治地帯である。上で簡単に述べたが，地球世界の管理・運営においては，エリアだけでは多様な混沌にも似た情況が続くことになるのではないだろうか。しかもそれぞれのエリアは地理的条件が異なっており，これまでの国家から単純に区分すると，差別（あるいは格差）にも似た違いが際立つのではないかと思われる。現在の世界地図をにらみながら考えてみよう。

　この世界地図から，それぞれの国家の実情，自然的条件，歴史的条件などを考慮してゾーンを地図によって例示するが，これはあくまでも1つの案であって，異なる区分があって当然であろう。いや地球の歴史の今後の進行によって異なる区分が考えられることはむしろ当然であると言えるかもしれない。したがって例示するのは，ゾーンという発想を具体的なイメージとして受け止めるという私の意図を意味している。ゾーンという区分をするにあたっての基本的

な考え方だけは示しておいた方がよいであろう。21世紀初頭の地球地図をにらみながら考えてみると、考慮する必要があることとして、地理的条件（平野、山地、砂漠、その他）とそれにともなう気象条件を挙げることができる。そして、2つの地図を比較する試案として示してみたように、ゾーンとしての区分にあたっては地球の南北という緯度を目安にするのではなく東西という経度を目安として区分することが望ましいと考えられる（私とは異なる区分であっても基本的考え方が同じであることが望ましい。考え方も異なるならば、きちんと対置する必要があろう）。

　試みに緯度を目安として区分すると、北半球に先発国が集中していることがわかるであろう（読者それぞれが緯度を目安としたゾーン区分を考えてみればよいであろう）。すでに (1) で再三強調しているように、格差問題とりわけ国家間格差の問題は21世紀が抱えている重大問題の1つである。ゾーン区分にはこの問題への対処が私の念頭にあることは言うまでもない。さらには、エネルギー削減にかかわる生産物の移動問題も念頭にあることを付け加えておこう。これらのことは、次章で具体的に例示するが、世界の穀物生産の地理的分布を見るだけでも容易にうなずけるはずである。しかし、これはあくまでもこんな例が考えられるという一種の「たたき台」程度の案であり、これを1つの素材としてさらに充実した地球地図が考えられることは言うまでもない。

▼ 地上，地下，空間の整備
　地球上の人類の活動空間について、これまでは社会的な視点から示したが、次には科学・技術の発展との関連で活動空間について簡

単に触れることにする。エリア，ゾーンといった新たな概念によっ
て新たな地球地図の1つの例を示したが，そのままでは現在の人々
にはなじまないだろうと思われる。そこで，現在の人々の描く地球
地図を一旦消し去り，21世紀の世界地図に国境が消えているという
想定で受け止めればよいであろう。そうすると21世紀にあるような
国家に属する領土，領空，領海という考え方は無意味になる。

　これはあとの〈第3章〉で語る「人類社会の企画・管理」などに属
する部分を若干先取りすることになるが，21世紀の国家の領土＝陸
地は都市計画なしに無秩序にできあがった大都市にも似ているので
はないだろうか。いろいろな条件（人口，産業，その他）や新たに設定
されるゾーンとエリアは都市計画にも似て，そのような地域的領域
が自然成長的に形成されるのではなく，人類の世界スケールでのコン
トロールの下に形成されることになる。地上，地下，空間にわけ
て簡単になぞることにしよう。いわゆる都市計画にかぎらず新たな
「都市（地域）開発」において，居住民の抵抗があることと同じよう
に，国家の解消という結果をもたらす「ゾーン・エリア」構想の方
向にもかなりの居住民（国民そして既存の国家）の抵抗が予想される。
しかし，新たに誕生する「地球人」はその方向を辛抱強く追求する
しかないのである。

　1）地上
　上で試案的に示したが，ゾーンとエリアはそれまでの地球のよう
な領土ではない。世界全体の管理のための区分にすぎず，運営に
よって境界は修正される性格のものである。それはその領域での分
業や生活環境などを考慮して運営されるが，そこに住む人々の意見

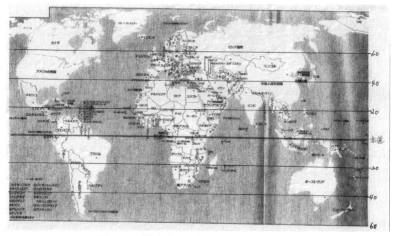

図 1-1　緯度を 20 度区分した世界地図

出所）『図説世界史』 東京書籍　2003 年　258 ～ 9 ページに加筆

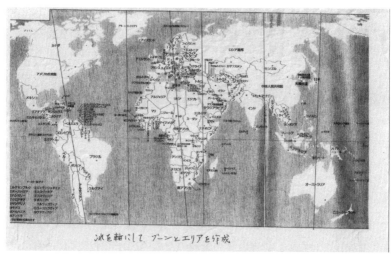

図 1-2　経度を基準に自由に区分した世界地図

出所）図 1-1 と同じ

やその他の意見によってしばしば見直されることもあるということになる。世界連邦として各地域などに相対的な独立性を持たせることを想起するならば，このことは容易に納得できるはずである。したがって区分の変更をはじめとして考えられる変更などについては，あとで必要に応じて述べることになるであろう。

2) 地下

100年後には21世紀にわかっている程度の地下の様相とは大きく異にしている（拡大している）と考えられるので，これこそは21世紀までの通念から完全に脱して考える必要がある。地下には人々の身近な活用としては交通網があるだけでなく，居住的な施設・設備としての活用も拡大すると考えられる。さらには人類社会全体の活用としては資源・エネルギー問題に結びつく地下資源の増大も想定されるであろう。地下資源については，現在知られていないあるいは活用されていないものは膨大なはずである。地下と直接結びついている海洋・海洋資源のあり方も射程に入れる必要があるだろう。これらについては，地震や火山の制御も含めて次の章で具体的に考えてみよう。

3) 空間

空間についてはどこまでが地球空間であるかは定かではない。地球の引力の及ぶ範囲なのか，それともさらに広いのか，あるいはやや狭く考えて一定の範囲の宇宙空間とするか，そんなことはどうでもよくて，無限とも言えるほどに活用可能なのかもしれないが，そして知識・探索としては「宇宙の彼方」まで広がるかもしれない。しかし，100年後といえども人類が活用可能なのは太陽系の範囲内ではないだろうか。これについても宇宙空間を含めて次の章で具体的

に考えることになる。

　まとめて言えば，地上，地下，空間など人類の活動領域について
は，ある種の地域計画にも似て，すべての面で世界スケールで計画
が要請されるということにほかならない。その具体的内容について
は，以下の展開分野に応じて触れることになるであろう。

第2章　拡大する活動空間

イントロダクション

　この章では，人類にとっての地球と宇宙について語ろうと思う。地球，月，太陽系の惑星，その他の宇宙については，大抵の人はその存在だけは知っている。しかし，それらの活用について（活用できないことも含む）考えるには，その実像についての最低限の知識が必要であろう。天文学を専門にやっている人にとってはほとんど常識なのであろうが，私のような門外漢があらためて具体的に資料に当たり，これまでの無知を思い知らされるのである。太陽系についてのある本の解説によると，太陽系の「星」は7つのグループに分けられるとされている。

1．固体の表面を持つ惑星　水星，金星，地球，火星

2．ガスでできた巨大な惑星　木星，土星，天王星，海王星

3．惑星に準ずる天体　セレス，冥王星，エリス

4．惑星のまわりを周回する衛星　地球を回る月，火星を回るフォボス

5．主として火星と木星の間の軌道をめぐる小惑星

6．太陽に近づくと尾を引く天体となる彗星

7．海王星より遠くにある天体

このような天体があるという単純な知識の確認で十分であり，ここではあくまでも私たち人類にとって活用可能性を考えるという意味で（天文学者には異論があるだろうが），6つの惑星をピックアップするにすぎない。

表2-1 〈6つの惑星の基本データ〉

	水星	金星	地球	火星	木星	土星
直径 km	4,900	12,000	13,000	6,800	143,000	125,000
太陽からの距離 km	5,800万	1億800万	1億5,000万	2億3,000万	7億8,000万	14億3,000万
公転期間	88日	225日	365日	687日	12年	29年
自転期間	59日	243日	24時間	25時間	11時間	17時間

出所) 三品隆司『宇宙のすべて』PHP研究所　2009年　から作成

　なお，太陽系の惑星には天王星と海王星が存在するが，私見では科学者などの「好奇心」（よく言えば探究心）の対象としては存在するが，一般人にはあまり縁がないのではないかと思われるので省略した。ここで公転と自転を入れたのは，太陽との位置関係がそれぞれの惑星にとって意味があると思われるからである。なお，地球の衛星である月については，あとの節で示すことにしよう。

　次に確認しておく必要があるのは，これらの惑星のおおよその構造（＝地核の層）であろう。これについても意外と知られていないように思われる。これもまたその道の専門家にとっては常識に属するのであろうが，地球についての自然科学的学習によって，門外漢にとっては興味深い構造であることを学んだ。すぐあとの節で示すが，地球における資源の地下の活用あるいは具体的探求については，たかだか10 km 程度（直径の0.008％）にすぎないようである。ともあれ本文に入ることにしよう。

1．地　球

▼ 地球の構造

　地球環境問題の一環として資源・エネルギー問題が語られるようになってから，まだ半世紀も経過していないが，その場合に語られているのは，地表，地下，空間のわずかな部分であり，とりわけ地下についてはきわめてわずかな部分しか語られていないように思われる。そこで門外漢のとんでもないと思われる発想にしたがって語ってみようと思う。

地殻
上部マントル
下部マントル
外核（液体）
内核（固体）

◀地球の構造は卵にたとえられる。内部に比べて地殻の厚みは薄く，陸では平均30km，海では平均5km。

図2-1　地球の構造

出所）三品隆司　前掲書　101ページ

　専門家にとってはほとんど常識に属するであろうが，地下を含む地球の構造を上図でまずは確認しておこう。地球の表面部分が〈地殻〉と思ってよいであろう。上図にあるように，〈地殻〉は地球全体では表皮と言ってもよいほど薄く，しかも私たちは具体的にはその表面の一部分を知っているにすぎないと言えよう。

　〈地核〉は地球の中心部であり，図のように内核と外核に分かれて

おり，主に鉄とニッケルでできているようである。その上層部を包んでいるのが〈マントル〉と呼ばれている層であり，どうも主にケイ酸塩であるようだ。そして私の学んだかぎりでは，地球の表面が〈地殻〉と呼ばれているが，ここで確認しておきたいのは，私たち（多分専門家も？）は地球については具体的にはたかだか地殻の一定部分を知っているにすぎないのではないかということである。したがって，いわゆる地下資源と言われているものの活用もたかだか〈地殻〉の部分に限られているのではないだろうか。ここでは，私が学習したかぎりでの〈マントル〉，〈地核〉などが主に鉄・ニッケル・ケイ酸塩であると指摘したが，さて100年後には内核や外核などに含まれている物質がどの程度詳しく調べられているであろうか。推測の域を出ないが，より豊かで多様な鉱物の存在が明らかになっているのではないだろうか。そこで現在では詳しくは知られていない地下について，100年後には明らかになりかつ一定の活用が可能であろうと推測して，非専門の立場からにすぎないが，具体的なコントロールと活用について語ることにしようと思う。活用については，新たな地下資源が地殻よりも深部にあるのではないかという可能性の想定である。そしてコントロールについては，さしあたりは地震と火山のコントロールを想定している。現在，この２つが活発になっていることは周知のことであるが，その対応については，早期の予測と避難そしてそれにともなう津波対策という段階ではないかと思う。それ以上の対応には，かなり詳しい地質学の知識と研究の発展が必要だが，今後の研究の飛躍的発展に期待して，コントロールと活用について語ってみようと思う。

▼ 地球活用の拡大・充実

　新たな地球地図として，エリアの拡大とゾーンの採用については試論として大まかに語った。そのことを前提として21世紀前半までの地球活用の無駄をいかにして是正していくかが具体的に問われることになるであろう。エリアとゾーンによって新たに区画された地球地図にしたがって，活用の充実をめぐって全面的に語ることはできないので，その一定部分についてピックアップして語ることにしよう。現段階（21世紀初頭）における人類の生存にとって重要な資源としては農産物食料，水産資源（食料），鉱物資源を挙げることができるであろう。ここではエリアおよびゾーンという区画にとって重要な意味があると考えられる穀物生産だけを素材として取り上げてやや詳しく考えてみようと思う。他の資源についても考え方が同じなので，ここでは省略して言及しない。

　さて，世界の穀物生産量については大きくは小麦，トウモロコシ，米，大豆ということになると思われるが，2016年の世界の穀物生産量を世界地図を睨んで考えてみると，その特徴が容易にわかるのではないかと思う。一言で言えば，その生産量がかなり偏在していることである。これには歴史的事情，気候，土地，生活習慣など多様な条件によると考えられるが，それについては関心のある者が具体的に調べたり考えたりすればよいであろう（個別的な研究や資料はある）。22世紀以降を展望する私にとっては，アフリカ大陸への注目，さらには中近東地帯へも注目することが大事であると思われる。4つの穀物については中国とアメリカがすべてにおいて上位を占めているが，他の地域は気候条件や生活習慣によってすべてに上位を占めていないことは図2-2，図2-3から容易に読み取ることができるで

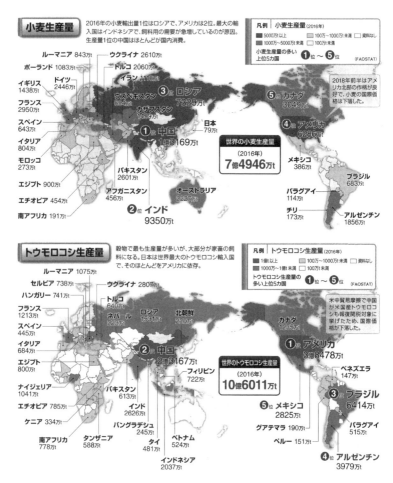

小麦生産量

2016年の小麦輸出量1位はロシアで、アメリカは2位。最大の輸入国はインドネシアで、飼料用の需要が急増しているのが原因。生産量1位の中国はほとんどが国内消費。

凡例 小麦生産量 (2016年)
- ■ 5000万t以上
- ■ 1000万～5000万t未満
- ■ 100万～1000万t未満
- ■ 100万t未満
- □ 資料なし

小麦生産量の多い上位5カ国 ❶位 ～ ❺位 (FAOSTAT)

2018年前半はアメリカ北部の作柄が良好で、小麦の国際価格が下落した。

ルーマニア 843万t
ウクライナ 2610万t
ポーランド 1083万t
トルコ 2060万t
イギリス 1438万t
ドイツ 2446万t
イラン 1110万t
❸位 ロシア 7329万t
❺位 カナダ 3049万t
フランス 2950万t
ウズベキスタン 664万t
スペイン 643万t
カザフスタン 1499万t
❶位 中国 1億3169万t
日本 79万t
イタリア 804万t
❹位 アメリカ 6286万t
モロッコ 273万t
世界の小麦生産量 (2016年) 7億4946万t
エジプト 900万t
パキスタン 2601万t
メキシコ 386万t
エチオピア 454万t
アフガニスタン 456万t
オーストラリア 2227万t
ブラジル 683万t
南アフリカ 191万t
❷位 インド 9350万t
パラグアイ 114万t
チリ 173万t
アルゼンチン 1856万t

トウモロコシ生産量

穀物で最も生産量が多いが、大部分が家畜の飼料になる。日本は世界最大のトウモロコシ輸入国で、そのほとんどをアメリカに依存。

凡例 トウモロコシ生産量 (2016年)
- ■ 1億t以上
- ■ 1000万～1億t未満
- ■ 100万～1000万t未満
- ■ 100万t未満
- □ 資料なし

トウモロコシ生産量の多い上位5カ国 ❶位 ～ ❺位 (FAOSTAT)

米中貿易摩擦で中国が米国産トウモロコシも報復関税対象に挙げたため、国際価格が下落した。

ルーマニア 1075万t
セルビア 738万t
ウクライナ 280万t
ハンガリー 741万t
トルコ 640万t
フランス 1213万t
ネパール 229万t
ロシア 1531万t
北朝鮮 220万t
スペイン 445万t
カナダ 1265万t
イタリア 684万t
❶位 アメリカ 3億8478万t
エジプト 800万t
❷位 中国 2億3167万t
フィリピン 722万t
世界のトウモロコシ生産量 (2016年) 10億6011万t
ベネズエラ 147万t
ナイジェリア 1041万t
パキスタン 613万t
エチオピア 785万t
インド 2626万t
❸位 ブラジル 6414万t
ケニア 334万t
バングラデシュ 245万t
❺位 メキシコ 2825万t
パラグアイ 515万t
南アフリカ 778万t
タンザニア 588万t
タイ 481万t
ベトナム 524万t
グアテマラ 190万t
ペルー 151万t
❹位 アルゼンチン 3979万t
インドネシア 2037万t

図2-2 世界の穀物生産量

出所)『世界地図 2019年版』成美堂出版 126ページ

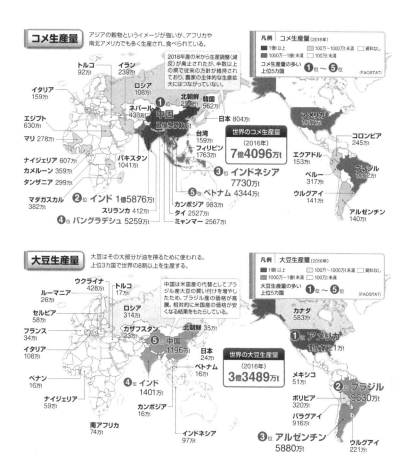

コメ生産量　アジアの穀物というイメージが強いが、アフリカや南北アメリカでも多く生産され、食べられている。

凡例　コメ生産量 (2016年)
- ■ 1億t以上
- ■ 1000万～1億t未満
- ■ 100万～1000万t未満
- ■ 100万t未満
- □ 資料なし

コメ生産量の多い上位5カ国　❶ ～ ❺位　(FAOSTAT)

2018年産の米から生産調整(減反)が廃止されたが、半数以上の県で従来の方針が維持されており、農家の主体的な生産拡大にはつながっていない。

- トルコ 92万t
- イラン 239万t
- イタリア 159万t
- ロシア 108万t
- 北朝鮮 254万t
- 韓国 562万t
- ネパール 430万t
- ❶位 中国 2億950万t
- 日本 804万t
- エジプト 630万t
- アメリカ 1017万t
- マリ 278万t
- 台湾 159万t
- コロンビア 245万t
- ナイジェリア 607万t
- パキスタン 1041万t
- フィリピン 1763万t
- エクアドル 153万t
- カメルーン 359万t
- ❸位 インドネシア 7730万t
- ペルー 317万t
- ブラジル 1062万t
- タンザニア 299万t
- マダガスカル 382万t
- ❷位 インド 1億5876万t
- スリランカ 412万t
- ❺位 ベトナム 4344万t
- ❹位 バングラデシュ 5259万t
- カンボジア 983万t
- タイ 2527万t
- ミャンマー 2567万t
- ウルグアイ 141万t
- アルゼンチン 140万t

世界のコメ生産量 (2016年) 7億4096万t

大豆生産量　大豆はその大部分が油を搾るために使われる。上位3カ国で世界の8割以上を生産する。

凡例　大豆生産量 (2016年)
- ■ 1億t以上
- ■ 1000万～1億t未満
- ■ 100万～1000万t未満
- ■ 100万t未満
- □ 資料なし

大豆生産量の多い上位5カ国　❶ ～ ❺位　(FAOSTAT)

中国は米国産の代替としてブラジル産大豆の買い付けを増やしたため、ブラジル産の価格が高騰。相対的に米国産の価格が安くなる結果をもたらしている。

- ウクライナ 428万t
- トルコ 17万t
- ルーマニア 26万t
- セルビア 58万t
- ロシア 314万t
- カザフスタン 23万t
- 北朝鮮 35万t
- フランス 34万t
- ❺位 中国 1196万t
- 日本 24万t
- カナダ 583万t
- イタリア 108万t
- ❶位 アメリカ 1億1721万t
- ベナン 16万t
- ❹位 インド 1401万t
- ベトナム 16万t
- メキシコ 51万t
- ナイジェリア 59万t
- カンボジア 16万t
- ❷位 ブラジル 9630万t
- 南アフリカ 74万t
- インドネシア 97万t
- ボリビア 320万t
- パラグアイ 916万t
- ❸位 アルゼンチン 5880万t
- ウルグアイ 221万t

世界の大豆生産量 (2016年) 3億3489万t

図 2-3　世界の穀物生産量

出所) 図6-2と同じ　127ページ

あろう。と同時にアフリカ大陸がいずれの穀物においても生産量が少ないことも容易に読み取れるであろう。そして南アメリカ大陸においてもブラジルを除いて穀物生産量が少ないことにも注目してよいであろう。

　ひるがえって20世紀後半から21世紀にかけての経済的生産について考えてみると、工業化あるいは脱工業化という論議とGDPという表現での経済成長という論議がほとんどであるように思われる。そしてこの論議とも結びついて、資本における〈周辺〉という措定（あるいは認識）がグローバリゼーションの進展とともに語られる（指摘される）ようになってきている。そのような言説（および現実）は、20世紀までのそれぞれの先発国内における〈中心─周辺〉という収奪（格差拡大をもたらす）の情況が世界レベルに拡大したことを意味する。私のユートピアを目指す思考が、そのような格差拡大に向かうものでないことは、これまでの展開によって言うまでもないことであろう。したがって地球の地表の活用を如何に充実させるかということが問われることになる。

　22世紀の世界地図は、すでに簡単に例示したように、地球の経度を基軸としたいくつかのゾーンに分けられるが、このことによって穀物生産量の地理的不均等（それまでの格差）を是正する道が具体化するであろう。食文化における歴史的な地域事情が若干は残っているであろうが、望みさえすればどんな食料もゾーン内でほぼ供給できることになる。そしてこのことは穀物の輸出入を大幅に少なくすることになり、穀物の運搬費用（＝エネルギー消費）を減少させることにもなる。ここでは具体的に取り上げてはいないが、主食としての穀物だけでなく、果物、野菜、その他の農産物、さらには水産資源

についても養殖の拡大を含めて同じような改善がなされることになり，同じように運搬費用を大きく減少させることになろう。

　食料生産だけではなく，ゾーン内での供給という活用は，(1) で指摘している諸問題すなわち格差問題，資源・エネルギー問題，さらには国家エゴにもとづく「戦争と平和」の問題への根本的な対応として性格づけられることになる。

　食料生産と消費における生産物の移動距離の縮小によって，運搬エネルギーが大幅に減少することを指摘したが，このようなあり方も食料だけではなく，工業生産物である生産財や消費財などいろいろな社会分野における保存と移動のためのエネルギーの削減にも波及することになる。なお，物質やエネルギーの循環問題（廃棄を含む）については，必要に応じて述べることになるであろう。

▼ 地下の活用

　地上の食料生産の次には地下（資源）の活用について取り上げよう。現在の主たる地下資源は石油・天然ガスおよび鉱物資源ということになる。総称してレアメタルと言われている地下の鉱物資源に加えて，いくつかの鉱物資源の生産量の分布地図をここでは示さないが，21 世紀初頭では生産量そのものがきわめて限られているだけでなく，地球上では偏在していることを指摘することができる。鉱物資源だけでなく，石油・天然ガスも同様に偏在している。アフリカ大陸と南アメリカ大陸に少ないことは穀物の場合とほぼ同様ではあるが，穀物とは違って，埋蔵の可能性としても少ないのか，まだ開発（発見）されていないのかは目下のところ不明である。さらには

南極大陸はどうであろうか。しかし，当然ではあるが，22世紀の地球は，科学・技術の想像を絶するような発展によって，さらなる可能性も含めて大きく変貌することになるであろう。大きくは2つの点から指摘することができる。

　1つは，新たな発見も含めて，鉱物資源の活用の飛躍的拡大である。すでに触れたように，21世紀初頭の地下資源は偏在しているが，それでも地下資源が新たに発見されている。どのように発見されるかはわからないが，今後も発見され続けることが予想される。科学・技術の飛躍的発展による火山と地震の制御との関連で，地球の地下については現在よりもかなり深部まで明らかになるであろう。例えば，現在は温泉程度しか活用されていない地熱などは相当に活用可能なエネルギー源になることは充分予想されるところであろう。世界的に言えば，とりわけ未開発なアフリカ大陸と南アメリカ大陸での新たな発見・開発は期待されるであろう。より深部の地下資源の活用可能性はある意味では「無限」であるかもしれない。地球の構造をすでに簡単に示したが，地殻はともかくとして，より深部のマントルや地核については直接的には具体的探査はなされていない。科学・技術の発展によって地球深部までの探査が実現すれば，鉄・ニッケル・ケイ酸塩以外にも活用可能な多様な鉱物が発見されるものと予想される。

　もう1つは，非専門のとんでもない考えかもしれないが，火山と地震の制御ということである。21世紀初頭という時点ではこの2つの自然現象については，予測と避難という対処の段階である。しかし，火山の噴火と地震の発生の原因というか仕組みというかその理由だけは現時点でもかなりわかっているようである。したがって，

地下の探求とその活用が飛躍的に発展する22世紀においては，火山と地震のコントロール（＝制御と活用）が可能になっているはずである。

　前述のような地下そのものにある資源の活用だけではなく，人工地下空間として交通網や住まいなどとしての活用をも挙げることができる。私のゾーンという地球区分によって，すべてではないが，それぞれのゾーン内はおおむね陸続きであり，狭い海峡があるにすぎない。現在は相対的に大きな都市における交通網としての地下鉄があるだけだが（若干の地下街が加わる程度），それぞれのゾーン内で地下鉄網を張り巡らすという活用である。ただしこの場合には，地下の活用として単独で考えるのではなく，地上空間，地下をセットにして総合的に交通網を企画する必要がある（交通網についてはあとで独立して取り上げることになるであろう）。さらには「地下都市」もやはり総合的に企画することが要請される（これについてもあとで独立項目としたい）。

▼ 地球空間の活用

　知識としての宇宙空間については21世紀に入ってから具体的存在として急速に拡大している。マスメディアの報道などによって，例えばその存在だけが知られていたブラックホールの写真撮影が紹介されたこと，さらにはブラックホールの新しい性質が語られるようになったことなどはそのさいたるものであろう。専門の科学者や一部の関心の強い人々にとっては多分すばらしいことであろう。そのような新たな発見のすばらしさをいささかも否定するものではないが，本書を執筆している私にとっては，ブラックホールは日常生活

にとってはあまりにも縁の遠い存在ではないだろうか。いつの日か縁に結びつく可能性があるかもしれないが，しばらくは（100年後であっても）思考の脇に置いてもよいのではないかと思う。ブラックホールどころか知識としては知られている何万光年も離れた銀河系，さらにはその外の宇宙についてもやはり思考の脇に置いてもよいであろう。ここではあくまでも人類にとっての「活用可能性」が問題なのである。

そこで，さしあたり確認しておく必要があるのは「地球空間」の範囲である。門外漢の勝手な分け方であるが，「宇宙空間」と区別される地球空間の活用から考えるのが妥当ではないかと思う。しかし，地球空間をどの範囲にするかはきわめて難しいが，非専門の浅い考えであり，異論が出ることを承知で言えば，さしあたりは，有人飛行が可能な範囲ということになるであろうか。ただし，有人飛行の範囲をどのように設定するかは，専門家の見解でもおそらく一致しないのではないかと思われる。そこで非専門の仮の設定を示そう。人工衛星の打ち上げにさいしては，人工衛星の遠心力と地球の引力が釣り合う速度が秒速7.9 km であり，この軌道に乗る速度が「第1宇宙速度」と呼ばれており，秒速11.2 km になると「第2宇宙速度」あるいは「脱出速度」と呼ばれている。この間の軌道は円形から楕円形になるのだが，そこまで専門的になる必要はないであろう。現在，人類に知られている宇宙空間は無限と思われるほどに広がっている。ここで私が言いたいのは，どの範囲を〈地球空間〉として設定するかということである。

すぐ後の節でさらに考えるが，私の学習したかぎりでは，空間活用としての人工衛星には，ISS と呼ばれているものの高度は300〜

400 km，GPS と呼ばれているものの高度は約 2 万キロ，そして静止衛星と呼ばれているものの高度は約 3 万 6,000 km だそうである。専門家には異論があるかあるいは笑止千万かもしれないが，ここでは高度 3 万 6,000 km の範囲を〈地球空間〉として設定しようと思う。それはある意味では「人工空間」と言えるのかもしれない。次の節で取り上げる月までは有人飛行が現実化していることはほぼ知られているが，宇宙探索という点ではまだ緒についたばかりであろう。したがって，いつの日か (100 年後には) 月までが地球空間としての「人工空間」になるであろう。この点についての今後の歴史的進展は「人工空間」が次第に拡大していく歴史だと考えられるが，目下のところ，そこまでは「人工空間」を拡げる必要はないであろう。また門外漢の私にはそこまで拡げて論じる知識もないので，勝手に「人工空間」を設定させてもらうことにする。後世の人は科学・技術の発展に応じた「人工空間」を設定すればよいであろう。

〈番外編〉

(1) で『サイエンスファンクション』を取り上げたことについて若干述べた際にすでに触れているが，私の「夢」はいわゆる SF とは性格が違うのである。夢であってもいつの日か科学的に実現可能性があることをできるかぎり考慮している。そんなわけで「宇宙」について学習していると，小泉宏之著『宇宙はどこまで行けるか』(中公新書 2018 年) にたまたまぶつかった。基本的な内容は現在および未来の科学・技術で，ロケット (宇宙艇と言った方がベターか？) が宇宙のどこまで行けるかという展開である。9 月 25 日 (2018 年) 発行で，読み終えてからしばらくしてある新聞に書評が載っていた。私の勝

手な所感であるが，評者は植物学者だった。物理学の基礎が学べるというのが主たる内容であり，このような本の評者には社会科学者を当てた方が良いのではないかと思った。

　それはともあれ，著者はロケットエンジン開発の専門家で，かの「はやぶさ」の企画・実行のチームに中心メンバーとして参画している。したがって，理論的論述と技術的実用については相当に信頼してよいのではないかと思う。門外漢にとっては自分だけで理解するのが精一杯であるが，著者によれば，人工衛星には，アンテナ通信，太陽電池パネル，表面材料で温度制御，コマで姿勢制御という4つの条件が要るそうである。この本では，人工衛星から始まって宇宙エレベーターにも言及されている。(1)でも〈番外編〉で宇宙エレベーターにかすかに触れているが，この本でもかなり本格的(現実的)に可能であることを知った。著者の専門がロケットエンジン開発なので，エンジンの性能やエネルギー源について多様に触れられており，それはそれで門外漢にも知識としては興味深いが，私の興味にとっては「活用可能性」が主な関心である。その点から興味深かったのは「ラグランジュ点」についてである。地球，月，火星など宇宙に存在する星も打ち上げられた人工物もその軌道上を常に動いている。したがって，地球にたいする位置が刻一刻と変わることになる。ところがこの本によれば，「都合のいいことには宇宙には月や地球との位置関係がずれない特別の場所『ラグランジュ点』がある」のだそうである。しかも単に地球や月だけでなくその他の星の間にもラグランジュ点があるそうなので，宇宙活用にとっては重要な位置を占めていると私は受け止めた。この書では，月や太陽系の星，さらには太陽系の外まで宇宙探索の可能性があることに言及されてお

り，門外漢にも興味深い。人工空間の活用については，より具体的に学んで私の論考に使わせてもらおうと思う。

　ここでは「活用」という意味でさしあたりは「地球空間」と「宇宙空間」に勝手に分けたが，その範囲は活用の仕方によるものであり，この分野での科学・技術の発展によって変わってくると思われる。後の節で具体的に考えるが，人工衛星，宇宙ステーション，さらには宇宙エレベーターといった人工物の設定は，現在まではせいぜい地球と月の間ということになるが，100年後には金星や火星の間にもそのような人工物の設定が可能になるかもしれない。この分野での専門家ではない私にとっては，100年後だけではなく現在においても，ここで述べることの大部分がイメージの世界なのである。しかも，例えば映画『スター・ウォーズ』(の宇宙艇) のような SF のイメージではなく，なにほどかにおいて科学性をそなえたイメージであるという性格なのである。

2．月

▼ 月の活用をめぐって

　この章のはじめに簡単に暗示したように，100年後と言えども人類が活用可能なのはおそらく太陽系の範囲内であろうと思われる。〈番外編〉でちらりと触れたが，太陽系の外にまで宇宙探索機の探索範囲は急速に拡大している。さて，人類はそのような探索範囲まで活用可能な何かを見出すことは，100年後の未来といえども実際には難しいのではないだろうか。100年の期間を想定して人類の活用可

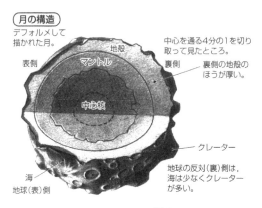

図2-4　月の構造

出所）三品隆司　前掲書　115ページ

能性について考えるならば，まず挙げられるのが，すでに有人飛行が現実化している月である。

　上の図は月のおおよその構造であるが，ここでもまた，この章のはじめに惑星について示したように，月についての簡単な確認をしておこう。月の直径は約3,500km，地球からの軌道の距離は約38万4,400km，公転期間は約27日と8時間である。

　話はややずれるかもしれないが，月の生誕をめぐってはいくつかの説があるが，現在のところ，「巨大衝突説」がもっとも有力なようである。具体的には地球ができた直後に巨大な天体が地球に衝突して，両方の天体から飛び散った物質が月をつくるようになったということである。だからこの説にしたがえば，月は地球とほぼ同じ物質に加えて地球と衝突した別の天体の物質でできているということになる（この説は有力な説であってまだ定説にはなっていないようである）。さて，上の図でクレーターと呼ばれているのは，相対的に大き

な隕石が衝突した跡にできた「海」にたいして高地となっている場
所を意味することを付け加えておこう。

　ほぼ周知のように，月へ向けての有人飛行は1961年，宇宙遊泳は
1965年，そして人間が初めて月に降り立ったのが1969年である（こ
の間，旧ソ連とアメリカの競争があったことを一応指摘しておこう）。現
段階では，ロケットでほぼ6日間で月に到着するそうであり，ちまた
では月旅行の話題まであるが，月には有害な宇宙線があるだけでな
く，その組成も十分にはわかっていない。したがって，地球の人工
空間が月にまで広がるには，まだまだ期間を要するであろう。しか
し，以下では可能性を考える意味で（22世紀にはおそらく現実化），月
までの宇宙空間をめぐって述べることにしよう。

▼ 人工衛星・宇宙ステーション・宇宙エレベーター

　月まで（あるいは金星や火星まで）の宇宙空間の活用可能性につい
て，多くの人はどのように考えるであろうか。項題にあるように，人
工衛星・宇宙ステーション・宇宙エレベーターについてはセットで
考えた方がよいであろう。宇宙エレベーターの可能性については
(1)（109ページ）で蜘蛛の糸の活用という発想というかたちで触れて
いるが，日本ではより現実性をもって取り組まれている。2009年
（？）からの宇宙エレベーター競技大会が始まりのようであるが，
「カーボンナノチューブ」という強度のケーブル素材が開発されたこ
とによって著しく現実味を帯びるようになり，大林組が2050年に完
成させる計画を進めているようである。

　図2-5はその大林組提供のイメージである（読売新聞2013年10月7
日）が，月までの活用可能性についてイメージする素材になるであろ

う。

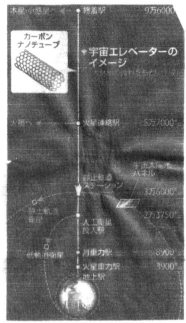

図2-5　宇宙エレベーター計画

出所）読売新聞（2013年10月7日）

　図にはイメージの素材がほぼそろっており，特に説明する必要がないであろうが，一応は確認しておこう。宇宙エレベーターに必要なものは，ケーブルは当然として，人工衛星，静止宇宙ステーション（この表現の方がベターではないだろうか），そして宇宙太陽光パネル等が図に示されている。しかも月だけでなく，火星や木星までもつながるという壮大な計画である。

　目標の2050年はともかくとして，100年後にはどこまで可能であろうか。次の節では太陽系の他の天体を取り上げるが，環境条件が著しく違っている。具体的に挙げれば，引力，大気，気圧，気温などを容易に思い浮かべることができるであろう。門外漢の考えではあるが，第1節の〈番外編〉で触れた「ラグランジュ点」をどのように活用するかがきわめて重要になってくると思われる。100年後にはその活用がどこまで進んでいるだろうか。宇宙エレベーターという壮大な計画は計画として，門外漢の私見では，（専門家の批判を承知で）静止宇宙ステーションを確実にすること，そして火星やさらに遠方までは視野に入れる程度にして，まずは月までの宇宙エレ

ベーターを確実に活用できること，100年後でもその程度ではないか
と思う。

　月の具体的な活用可能性について考えてみると，宇宙エレベー
ターの実用化までに至っているならば，資源・エネルギーの活用を
挙げることができる。構造的には地球の組成とほぼ類似しており，
しかも，すでに月の生成について触れたように，おそらくは他の天
体の物質も加わっていると思われるので，地球で明らかになった資
源・エネルギーの活用については，地球上に運搬可能であるととも
に宇宙ステーションでの備蓄も可能になるはずである。一般人に関
心が大きいと思われる観光としての月旅行については，月への有人
飛行と着陸後の移動といった問題に一般人がどの程度対応できるか
という技術的発展の程度に依存するとしか言えないであろう。門外
漢の推測としては，現在のヒマラヤ登山程度の段階には達している
のではないだろうか。

3．金星・火星・その他

▼ 金星と水星

　この節では残りの惑星について，現在知られているかぎりにおけ
る活用可能性を軸にして述べようと思う。まずは地球にもっとも近
い惑星である金星と内惑星である水星を挙げることができる。2つ
の惑星の構造は現在知られているかぎりでは地球とほぼ似たような
構造なので，ここでは金星だけを示すことにとどめる。

　金星の構造は図2-6に示されているように地球とほぼ同じである
が，地球との大きな違いを2つ挙げることができる。図の右に示さ

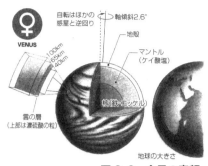

図2-6　金星の素顔

出所）三品隆司　前掲書　55ページ

れているように，大気の組成が大きく違っているだけでなく雲の層には濃硫酸の粒があることが挙げられる。もう1つは，この大量の二酸化炭素が「温室効果」をもたらすことである。「温室効果」がもっとも大きいと言われている二酸化炭素が大気の95％を占めていると，現在私たちが経験している地球の温暖化程度とは桁違いの温度であり，金星の地表の温度はほぼ400〜500度，そして大気圧は地球の90倍だと言われている。しかも噴火活動は現在も続いているとのことだ。月のように人間が地表に降り立つこともできそうもない金星はどのように活用可能であろうか。これまた門外漢のとんでもない発想かもしれないが，人類本意に考えるならば，金星の活用としては，核廃棄物も含めて地球・宇宙のゴミ処理場として活用できないかということである。現在，地球上だけでなく宇宙にもゴミがかなり多くなっているようである。その具体的対応については，地球と金星のラグランジュ点に巨大な宇宙ステーションを設置して，ここをゴミ処理の中継点としてはどうであろうか。金星へのゴミなどの運搬（廃棄）には今後の科学・技術の成果を待つことになるであ

ろう。

　水星については，構造はやはり地球や金星と類似しているが，温度が大きく違っており，昼はほぼ450度，夜は-170度ということがわかっている。さらには地下には氷の層があると推測されている。目下のところ，活用については具体的には考えられない。

▼火　　星

　月への有人飛行はすでに実現しており，次に企画されているのが火星への有人飛行であるが，まずは火星の構造などを確認しておこう。

　図2-7は火星のおおよその素顔であるが，基本的な構造そのものは，地球，金星，水星などとほぼ似ていると言えそうであるが，大気の組成は金星に近いようである。火星が地球にもっとも似た惑星であり，かつては水が存在していたこと（現在はおそらく地下か？）はおおむね認められており，生命が存在しているかどうかが問われているようである。いろいろな疑問などについては今後の有人飛行の成果にゆだねられることになるだろう。

　有人飛行についての小泉宏之の計算によると，地球から火星までの往復時間は最短で約520日，そして火星での待機時間が約450日（これは地球も

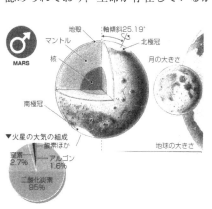

図2-7　火星の素顔

出所）三品隆司　前掲書　57ページ

火星も動いているために帰路が可能になるのに必要な時間）となっている。加えて，複数の人間の食料・酸素，その他の生活に必要な物資，そして地球に帰還するために必要なエネルギー・資材などを積み込むとおおよそ38トンになるそうである。100年後には宇宙ステーションやその他の科学・技術の発展によってさらに往復時間の短縮と宇宙艇の重量の縮小についてもさらに前進しているかもしれない。

▼ その他

　その他の天体としては，木星，土星，小惑星などを挙げることができる。まず小惑星については，日本からの「はやぶさ」が打ち上げられていること，そして小惑星のなかの「りゅうぐう」の地表を持ち帰ったことは広く知られている。そして2020年には「りゅうぐう」の地表よりも深い地層を持ち帰ったことが報道されている。

　さて，宇宙専門家の関心はともかくとして，あくまでも活用可能性という点から，その他の天体について簡単に触れておこう。ことわっておくが，21世紀に入ってからのこの分野の発展にはめざましいという言葉では済まされないほどの急激な前進がある。50年前では考えられないような進展であり，100年後にはどれだけ進展するかわからない。したがって，21世紀初頭の認識と100年後の推察が入り交じっていることを避けることができない。ここでは2つの惑星の構造を示しておこう。

　図2-8は木星と土星のおおよその構造である。見ての通り，これまで触れた惑星（月も含めて）とは大きく違っており，中心部の核である岩石の外側はほとんど液体あるいは気体の水素の層である。だか

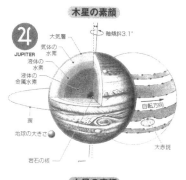

木星の素顔

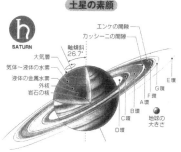

土星の素顔

図2-8　木星と土星の素顔

出所）三品隆司　前掲書　67ページ, 71
ページ

ら, 月や火星のように人間が着陸することはできないと考えられる。100年後にはどうなるかわからないが, 人間活動とのかかわりでは, 木星にある4つの衛星, 土星の輪にある60ばかりの衛星に注目してよいのではないかと思われる。そして専門家にもとりわけ注目されているのは, 木星の衛星に存在する水（氷）と炭素, 土星の衛星タイタンのようであり, 生命が存在する可能性があるとも言われている。専門家の関心はどちらかと言えばこのような衛星に加えて小惑星に集まっている

ようであり, 人類との関連がどのように展開するかは今後の探求にゆだねられていると言えそうである。太陽系という天体をめぐっては, 一般的にはさらに興味をそそることが多くあるが, そのように太陽系の中で人類に手が届く天体の最低限の知識を素描したにすぎない。それらがどれだけ人類の活用可能性を持っているかは具体的にはまだ定かではない。しかし, 急激に発展している自然科学・技術（最近では, ＡＩ〈人工知能〉やナノテクノロジーの発展が加わっている）にたいして, 社会や人間のあり方はどうであろうか。宇宙への進

出についての大きな問題の1つとして，自然科学者は異口同音に巨
額の経費の必要性に言及している。だからいわゆる「大国」だけが
進出可能だということになるが，人類全体のためであるかどうかは
甚だ疑わしい。国威発揚の手段であったり，その国に利するかぎり
での宇宙への進出という性格が強いように思われる。自然科学者は
現在 (21世紀初頭) の社会のあり方を前提にしているように思われる
が，社会科学者はそうであってはならないのではないだろうか。そ
こで，次章では宇宙が人類全体の「共有」になるような100年後の社
会のあり方についての論を展開することになる。

〈番外編〉

　ここで補足的に若干追加しておこう。宇宙開発だけでなく資源・
エネルギーなどの自然的条件にかかわる事項にしても，AIその他の
技術的・社会的条件にかかわる事項にしても，両者を別々に取り組
むことは，具体的には述べないが，未来の展望にとっては人類に
とってマイナス以外のなにものでもない。もし片方だけに取り組む
としても，両者をセットにしてあるいは少なくとももう片方を念頭
において取り組むことが要請される。自然科学界ではそれぞれの開
発の経費問題がしばしば語られており，社会科学界ではある種の開
発の問題性だけが語られる傾向が強いようであるが，両者の可能な
協力も含めてこの問題に取り組む必要があるだろう。そのためには
それぞれの条件の認識が必要であり，この章では自然的条件を取り
上げたが，次章では社会的条件を取り上げることになる。そうする
ことによって人間生活と諸条件との関連がはっきりするはずであ
る。

第3章　人類社会の企画と管理

イントロダクション

　前の章では自然的空間論とも言える地球から始まって活用可能性があると思われる天体について述べた。では，そのような活用可能性に照応するような社会的空間論とも言える地球社会のあり方はどうであろうか。これについて述べる前に，社会生活を考える基礎あるいは出発点となる人間生活を考えるにあたっての最も基本的な私の社会学理論のエッセンスの一部について簡単に説明しておくことから始めるが，ここでは人間生活を考える出発点に限定して述べる。

　私の社会学理論は「生産活動論」から始まる（圧倒的多数の社会学が採用している「行為論」とは異なる）。人間が主体的活動という存在であることを重視するという基本的考え方からは当然の出発点になるであろう。そのような存在としての人間の生活について考えると，諸個人の生産活動は，生活経済・生活空間・生活時間・生活関係・生活文化に条件づけられているとともに，客観的にはそのような生活諸条件を不断に生産（＝変更でもある）していることになる。もっとも抽象的にはこのようにみなされる人間生活は具体的には多様である。以下では，それらを具体的に展開することになるが，100年後の世界（社会）をイメージできればよいであろう。

　まずは統治あるいは政治・行政から始めよう。世界全体の空間的区分としては(1)でゾーンとエリアという区分を大まかに提起し，(2)の〈第1章〉では経度を重視してゾーンを東西で区分するという考え方を示した。そこでやや具体的に述べることにする。仮にゾー

ンを A，B，……G と 7 区分とするならば，各ゾーンはさらに a，b，c……といくつかのエリアに区分され，そのエリアがさらに小範囲の地区に区分されることになる。諸個人がどこに居住するかは一応は自由であるが，はじめは出生地に住み，成人になれば異なる地域を選ぶかもしれないが，それぞれの事情によって決まるであろう。そうすると，例えば，私の住所は〈B ゾーン，c エリア，x 地区，y 番地〉というイメージになる。諸個人はこのような住民として「行政的な」機関に登録されており，当人であることを示す住民票を携帯していることになる。

この章ではそのような住民としての地球人が生活を営んでいる社会的区分 = 社会的条件（社会のあり方）について語ることになる。社会的条件について主要なものを具体的に挙げるならば，地域的には，世界全体，ゾーン，エリア，地区などの統治あるいは管理・運営があり，一定の企画も必要である（そのような最初の世界はある程度の期間，エリア連合であることは言うまでもない）。そしてそれらはいくつかの部門（分野と言ってもよい）に分かれていることは当然であろう。具体的な分野については現在の国家の内閣（大臣や長官などで構成）を想起するだけでよいであろう。それらはすべて人間の生産活動の産物なので，ここでもまた私の生産活動論を応用することになる。基本的には以下の 4 つの生産であるが，それぞれの具体的イメージとして若干例示し，具体的展開では必要に応じてより詳しく取り上げることになるであろう。

生活資料の生産，人間の生産，関係の生産，新しい欲求への対応が人間の生産活動であり，広い意味での文化の生産が加わることになる。そしてそれらの生産活動の産物であるとともに生産活動（ = 生

活)を制約する自然的条件と社会的条件がある(自然的条件のすべて
がかならずしも人間の生産活動の産物ではないが,変更されている自然は
生産活動の所産である)。原則的には一応はこのように考えられるが,
実際の生活(=日々の生産活動)ではこれらは截然と区別されている
わけではない。

　さて,現在および未来の社会(世界)を考える価値観としてこれま
でにも若干述べている民主主義について付け加えておこう。民主主
義については制度・政策が語られる場合が相対的に多いようであり,
それはそれで確認する必要があることだが,社会学の立場からは人
間と関係のあり方をとりわけ重視したい。そのために私は「日常生
活における民主主義」の重要性を1990年代から機会がある毎に主張
している。なぜならば,人間と関係のあり方は基本的には日常生活
によってつくられるのであり,そのような人間たちが制度・政策を
つくり運営しているからである。〈統括〉という新しい用語を使う
が,この統括という名の「政治」(および「政治家」)は,「上からの民
主主義」と「下からの民主主義」との統合として性格づけられる。
「上から」とは地球全体という視点から「政治」を具体化することで
あり,「下から」とは,ゾーン,エリア,地区,諸個人などの視点か
ら「政治」やその他の分野などの修正や提案をすることを意味する。
繰り返しになるが,未来(だけではないが)を考えるにあたっては,主
体的活動としての人間(=生産主体)が歴史・社会をつくる(=変更す
る)存在であることをとりわけ強調したい。その意味では,制度・政
策などは「条件としての民主主義」であり,日常生活からはじまっ
て歴史・社会をつくる営みを「活動としての民主主義」と言ってよ
いであろう。

1．全体像 ──────────────

▼ ゾーンとエリア

　まずは空間的に区分されたゾーンとエリアについて，それがどのような社会のあり方であるか具体的に──ただしこの区分とあり方は考え方の例示である──示すことにしよう。ゾーンはすでに述べたように地球の経度を基準にしてさしあたり7ゾーンとしよう。そしてエリアは各ゾーンによっては区分の数が違うと考えてこれまたさしあたり4～8区分としよう。

　地球全体の「世界政府」を構成するのがゾーンからの代表者であり，ここでは〈統括団〉とネーミングしよう。この数は多すぎても少なすぎてもその任務をはたすことが難しいので，私見では各ゾーンから6名選出して42名とするのが妥当な数であると考えている。任期は6年で2年毎に3分の1が交代する。〈統括団〉に選ばれるのは，すぐ後で触れるエリアでの「統括」の経験者とする。なぜ任期を6年とするかは，必ずしもきちんとした根拠があるわけではないが，人間がある役職（行政，企業，その他の集団・組織など）を5年以上勤めると，「私物化」的思考が入り込んでくると考えられるからである。ここでいう私物化とは単に自分が得をするということだけでなく，それまでの役職の経験などから自分の考え方を押し通すような振る舞いをも意味している。

　地球全体（宇宙も含む）のあり方については，企画・運営・管理などはゾーン連合である「世界政府」としての「統括団」によって担われることになる。各分野を複数の統括者によって具体化されることが望ましいであろう。次の項でやや詳しく触れるが，イメージを

思い浮かべる意味で順不同で考えられる分野を挙げておこう。経済，財務，環境，資源・エネルギー，交通，宇宙，科学・技術，文化・教育，生活，法務・司法，治安，軍事などが分野として考えられる。

　次には，〈ゾーン統括団〉もほぼ「世界政府」に準じたかたちで構成される。すなわち，各エリアから〈ゾーン統括者〉（とネーミングしよう）が選ばれるということにほかならない。この〈ゾーン統括者〉団は「世界政府」のゾーン版という性格であることは容易にうなずけるであろう。ただし分野については大きくは上に挙げた項目と変わらないが，世界政府とはかならずしも同じではなく，それぞれのゾーンに応じた独自性が想定される。そうでないと「世界連邦」とは言えないことになる。例えば，ゾーン内における文化的・慣習的特殊性への対応，一種の「外交」とも言える他のゾーンとの具体的な関係の独自性などを挙げることができる。

　エリアについても上に示したようなあり方とほぼ類似したものになり，ここでもまた〈エリア統括〉（とネーミング）がそれぞれのエリア全体の管理・運営（上位地域と似たような分野が設定される）にあたるというかたちになるが，ここでもまたエリアの相対的独自性がゾーンと同じように想定される。エリア領域ではそのあり方が住民の多様な生活に直接結びついているので，とりわけ生活分野では独自の施策がなされるであろう。先に例示した「x 地区 v 番地」などの具体的な設定などを挙げることができる。なお，民主主義の観点から付け加えるならば，住民，地区，エリアという諸単位（位層とも言える）には世界政府と直結する方途も設定されている。

　図3-1は 1 つのゾーンをさらにエリアに区分した例示であり，ここではわかりやすくするために 4 区分になっているが，さらに細分化

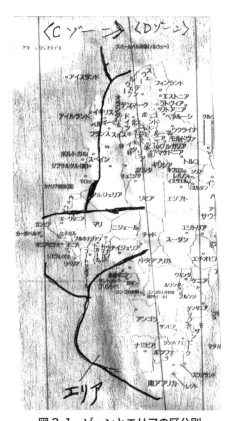

図 3-1　ゾーンとエリアの区分別

出所)『世界地図　2019年版』成美堂出版　180
　　　ページ

される可能性があるだろう。実際にどのように区分されるかはわからないが，ここで確認する必要があるのは，それまでの国境（国家）にとらわれない区分だということであり，ここでは基本的な考え方による区分をイメージできればよいであろう。したがって，〈C ゾーン〉と〈D ゾーン〉のような区分が図に示した直線にはならないで，多少は相互に入り組むことになるであろう。まとめて言えば，世界連邦の出発は，エリア連合がゾーンを形成し，ゾーン連合が地球世界を構成するということにほかならない。

▼分　　野

　先にはこんな分野が考えられるとして順不同で挙げたが，そのいくつかをピックアップしてやや詳細にみていくことにしよう。多くの人にとってまず関心があるのは経済分野であると思われる。(1) で

批判的に述べたように，資本主義的経済システムの基本性格によっていわゆる経済成長そして拝金主義が生み出され，必然的に格差拡大とも結びつくのであり，このことが資本主義的経済システムの根本的問題性（矛盾）ということになるであろう。では資本主義以外のあり方はどうであろうか。これまでにはいわゆる「社会主義・共産主義」が提唱されたこと，そしてそれが成功していないことはほぼ周知のことであろう。働く意欲と働き観の多様性ということを考慮して，私は「混合経済システム」というあり方をさしあたり提示しよう。具体的には次の節で述べるが，生産＝経済活動の仕方については資本主義的な生産・商品経済をも一定程度存続させながら，大きくは公的経営体，私的経営体を設定し，私的経営体は公的経営体に似たある種の「大企業」，期限付き中型経営体，そして個人あるいは家族経営体という区分が設定されると考えている。

　次に「人間の生産」分野として〈生活・教育〉が設定される。教育については説明を必要としないであろうが，生活は多岐にわたっている。仕事とのかかわりで普段の生活については容易にイメージできるであろうが，ここには医療，介護そして障害者への対応など，これまで福祉分野とされていたものの多くが含まれる。仕事ができない場合の生活保障もこの分野に含まれる。具体的には高齢者や重病患者を想起すればよいであろう。教育は主要な分野であり，生涯にわたっての人間の形成・維持・発展にかかわる分野であり，これまでは異なる対応がなされていた保育もこの分野に入る。したがって，この分野では関係の生産（関係のあり方）も基本的にかかわることになる。関係の生産は人間生活すべてにかかわるのであるが，他の分野については必要に応じて示すであろう。この分野では民主的

人間像，民主的人間関係の形成・発展が軸になることは当然であるが，それぞれの個性を伸ばすこともまた重視される。

　財務分野はいささか複雑である。諸個人の生活経済はそれぞれの仕事に応じた「収入」ということになるが，他の公的経費（世界全体，ゾーン，エリア，地区，生活保障などに必要な経費）がこの分野に該当する。さらには以下で具体的に示す各分野では膨大な経費が必要であることは当然であろう。その場合，一種の「剰余」を生み出す経営体もあれば，ほとんど支出経費のみという経営体もあるだろう。つまり，性格の異なる経営体を財源としてどのように位置づけるかという厄介な分野である。

　膨大な経費が必要な分野としては，環境，科学・技術，宇宙開発，資源・エネルギー開発といった分野を挙げることができる。環境については，22世紀には環境汚染をはじめとしたいろいろな環境問題がほぼ解消されているであろうが，この問題は放置しておくならばいつでも環境問題を引き起こす性格なので，その対応が不断に求められるという問題であり，世界が不断に取り組み続ける必要がある。次に，科学・技術については，これまではそれぞれの国家によって別々に取り組まれていたが，世界が共通に共同で取り組む性格のものである。あとでさらに具体的に触れるが，この分野での共同には2つの意義がある。1つは，基礎科学にしろその技術的応用にしろ，共同で取り組むことは経費節減になるはずである。もう1つは，科学・技術はこれまでの歴史が示しているように，兵器と容易に結びつく性格を持っており，その悪用を避けて平和利用に徹するには世界共通の財産とすることが必要なのである。そのような意味で，宇宙開発，資源・エネルギー問題も同じような考えでの対応が求めら

れることになる。付け加えるならば，この 3 つの相互関連をも具体
化する必要があることになる（このような分野について具体的に示すに
はおそらく 1 冊の本が必要であろう）。

　さて，社会生活・社会のあり方をトータルにしかも具体的に考え
ることはきわめて厄介であり，ひとりで考えると，漏れる事項・分
野があることを避けることができないかもしれないが，簡単に付け
加えるならば，〈法務・司法〉，〈治安・軍事〉など，および〈交通〉，
〈文化〉などの分野も考えられるが，後者については一種の「大分類」
とでも言える分野というよりはサブ分野あるいは重なる分野として
性格づけることもできるであろう。だから，ここで挙げている分野
は一般的に考えられる分類という考え方ではないことをことわって
おこう。地球世界のあらゆる分野を網羅してあげることは不可能に
近いだけでなくあまり意味がないであろう。ここではあくまでもこ
のような分野（統括が責任を持つであろう）が考えられるということで
あり，以後の具体的展開で補強・修正されるであろう。なお，次節
以降ではいくつかの分野をやや具体的に取り上げるが，上に挙げた
すべての分野を同じように取り上げない。もしそうすれば，それだ
けで膨大な量になるであろう。例えば，「情報」という分野が当然思
い浮かぶであろうが，私は意図的に省いた。これは他の分野すべて
にかかわるだけでなく，かかわり方が複雑であり，目下不断に前進
的変化の途上にあるので，私の思考の限界を超えているからである。
私の独断によるが，人間生活にとって重要（あるいは不可欠）である
と性格づけられるような分野，そして 100 年後の世界が具体的にイ
メージできるであろうと思われる分野に絞ることになる。ここで取
り上げない分野については，必要に応じて後の章で触れられること

もあるであろう。

2. 経　　済 ────────────────────

▼ 全体のあり方

　最初に現れる（創られる）世界連邦の経済は，私の提起ではずばり一種の「混合経済」である。21世紀初頭では資本主義的生産が支配的であり，しかもそれに代わるような生産のあり方（経済システム）については，「資本主義の終焉論」も含めて多様に論じられているが（これについては (3) で取り上げることになる），現在では大方の賛意を得る可能性があると思われる見解（方向）はまだはっきりしていない。しかし，それらの諸見解においての参考になり継承し得るような見解をも背後に置いて，そこでやや先取り的な見解ということになるが，私見では一種の「混合経済」から出発することを考えている。経済システムの未来をどのように構想するかはきわめて難問である。基本的には3つの課題に応えることが要請される。1つ目は，平等という方向と結びつく格差是正という課題である。すでに (1) で述べているように，国内的格差と国家間格差の是正という課題にほかならない。資本主義経済は資本の論理によって放置しておけば（つまり自由放任あるいは自由競争），必然的に格差を生み出しかつ格差を拡大することになる。これに対する方向として「平等」を軸とした社会主義（共産主義）がかつては対置されていたが，失敗に帰したことは歴史的事実である。すなわち，「社会主義社会」の崩壊および現存の「社会主義国」における市場経済（実質は資本主義経済）の導入という展開にほかならない。2つ目には，このことの関連で一定の

経済的生産力の維持・発展という課題を挙げることができる。そして，かなりの異論があることを承知で言えば，人間にそなわっている欲求（私見では歴史発展の原動力の要素でもある）についての対応というのが3つ目の課題である。付け加える，市場主義と称される資本主義経済の導入は，私の言う「混合経済」とは異なっている。私の言う「混合経済」とは，過渡期として位置づく資本主義経済に一種の「社会主義的」経済を導入することであり，その場合，これまでの「社会主義」概念にとらわれないことが大事である。

　さて，経済的生産力の維持・発展をある程度は追求するという点にはあまり異存がないと思われるが，「自由」な資本主義経済だけでは格差是正による「一定の平等」の実現は難しいと思われる。そしてまた，人間が多様な欲求を持っている存在であることへの対応をも考慮する必要がある。私の「混合経済」という考え方は，この2つの課題に応え得る可能性がある方向ではないかという考えによるものである。とりわけこれまではあまり取り入れられていないきらいのある〈人間の欲求〉を重視する視点が加わっていることが，私の発想の特徴の1つであることを強調しておこう。簡単に言えば，それぞれの統括団による資本主義的経済にたいする一定の規制の下に，公的経営体，私的経営体の混合というあり方である。ここでも発想の転換によって「企業」という表現ではなく「経営体」（M.ヴェーバーのBetriebe）という表現を採用していることに注目することが大事である。一例だけ挙げると，「医療経営体」がわかりやすいのではないかと思う。すなわち，公的経営体としての病院と私的経営体としての医院の混合である。そうすると，現在と変わらないではないかと受け止められるかもしれないが，違いについては他の分

野をも例示しながら以下の項で具体的に示そう。

「混合経済」という提起は，人々が多様な欲求を持っており，多様な生き方を欲しているという点への着目による考え方である。これまでの考え方の多くにはこの点への着目が希薄だったのではないだろうか。例としては農業がわかりやすいのではないかと思われる。すなわち，そのあり方として機械化あるいは工業化された大農業，やや機械化された中農業，そして個人的な小規模な私的農業といったあり方を想起してみると，中農業や小規模な私的農業の場合には，それを営む人々の欲求，例えば新しい品種を開発したいとか新しい農業のあり方を追求したいという「欲求」に応じたあり方と言えるのではないだろうか（このことはおそらく漁業・海産物生産，工業における小規模な町工場についても言えそうである）。現在でも小規模あるいは中規模の農業ではそのような試みがかなりなされているはずである。したがって多様な生き方に応じるような経済生活つまり仕事のあり方を保障する「経済システム」が一種の「混合経済」である。資本主義的生産様式（商品交換経済）を残しながら一定の規制を行うということにほかならない。そこで「混合経済」として大きくは3種類の経営体を措定するというのが私の基本的な考え方である。しかし，これとても経済活動（システム）の絶対的なあり方ではなく，歴史的進展とともに修正されるであろうことをことわっておこう。どのような方向に向かうかは今後の地球人にゆだねられる。そこで，それぞれの「経営体」についてやや具体的に示すことにしよう。

▼ 公的経営体

現在「国営企業」とされているものにおおむね相当するとも言え

56

るが，必ずしも同じではない。この経営体については，エリアあるいはゾーンによる経営体として運営されること，エリアあるいはゾーンにおけるほぼすべての人々の生活にかかわる経済分野であること，という2つの考え方が基軸となる。したがって，大きくはエリア経営体とゾーン経営体の2種類の経営体があることになる。そしてほぼすべての人々の生活にかかわる分野については，災害時を思い起こせば容易に具体的に挙げることができるのではないかと思う。食料や住まいはともかくとして，まずは水（飲料）を挙げることができる。次には電気（エネルギー），公的交通（道路も含む）なども容易に思い浮かぶであろう（さらには環境問題とも言えるが，森林や河川・海洋などの自然のあり方なども災害対策の一環として性格づけられるであろう）。その他の必要物については，ゾーン内あるいはエリア内，さらには地区内などで供給可能なはずである。つまり水道をはじめとした水の供給，電気などのエネルギー，そして広範囲にわたる交通網などを公的経営体が担うことにほかならない。すべての人々にかかわる分野として先に医療を例として挙げたが，さらには教育，科学・技術，宇宙開発なども挙げることができるが，ここで言う経済経営体とは性格が異なるので，後で項をあらためて示そうと思う。

　次には上の公的経営体を超えるマクロな分野における公的経営体を挙げねばならないが，その前に「公的」の意味を確認しておこう。ここではこれまでの政治・行政という表現ではなく，「統括業務」という新しい言葉を導入する。すでにゾーン連合およびエリア連合の存在に簡単に触れたが，統括業務とはこの2つの存在（機関とも言える）が担う業務を意味する。したがって，公的とはゾーンやエリアの統括団が担う性格の機関や業務を意味する。このような経営体に加

えて，超マクロな経営体としてゾーンを超える地球規模での経営体を挙げることができる。これらは直接的な経済的生産活動とは異なる経営活動という性格であり，具体例を挙げるならば，宇宙開発経営体，科学・技術の研究経営体などである。さらに追加するならば，いわゆるレアメタルと言われている鉱物あるいは似たような鉱物など地下資源を含む地球における開発が加わるであろう。

まとめて言えば，公的経営体とは，地球規模，ゾーン，エリアそれぞれの統括団が担う性格の経営体であり，上で触れたのはその代表的な例である。次の項でも示すが，このような公的経営体が主として担う「生産分野」から私的経営体を全く排除するものではなく，ケースバイケースで存在する可能性があることをことわっておこう。つまり，「混合経済」とは公的と私的の経営体を固定的に（絶対的に）措定しないものとして性格づけられるということにほかならない。ただし，このような私的経営体は「移行期」におけるあり方であり，一定の私的経営体を残しながらも整備されていくことになるであろう。

▼ 私的経営体

私的経営体は多様に存在し得るが，大きくは4つのあり方があると考えられる。

1つは，公的経営体に類似した経営体であり，現在の多様な企業に相当する性格であり，そのあり方（規模）はこれまた多様であろう。具体的に示すならば，現在の工業生産としての性格の経営体（機械機器，自動車，家電製品，運輸，その他の生産財・消費財などの生産），主として商業的業務にかかわる経営体，さらには大規模な農林・牧畜・

水産にたずさわる経営体を挙げることができる。ただし，例示した
これらの産業分野がすべて私的経営体とはかぎらないのであって，
ケースによっては公的経営体もあり得るであろう（例えば現在の金融
業務のような性格の経営体）。

　次には，「期限付き」経営体という新しいあり方を加えよう（これ
は水野和夫『資本主義の終焉と歴史の危機』(集英社新書　2014 年) で提案
された企業のあり方から想定したものである。水野見解については (3) で
取り上げるであろう）。水野見解とはかならずしも同じではなく，人生
の途中つまりなんらかの経営体で仕事をしている時 (40 代以降を想
定) に，なにか起業をする方向に転換する場合の 1 つの仕事のあり方
ということになる。

　3 つ目には，個人あるいは家族経営体を挙げることができる。例
えば，個人に若干の親族・知人も加わるような農業・漁業・商業，運
輸，さらには飲食店類やいわゆるサービス産業などが加わる。これ
らの職種については現在のあり方を考えてみればほとんど説明を必
要としないであろう。これらは人々の多様な生き方に応じるような
仕事のあり方を考慮した経営体である。上の 2 つの経営体のような
組織にはなじまないような人はこの種の自営的な仕事の道を選べば
よいのではないだろうか。

　そして 4 つ目には，特殊な経営体とでも言えそうな性格の経営体
というよりは仕事について言及しておこう。これに相当するような
職種は現在でも数え切れないほどあるので，ここではほんの一部分
を挙げるにすぎない。直ちに思い浮かぶのは多様な文化分野であろ
う。専門的「技能」を必要とする仕事である。順不同で挙げると，ス
ポーツ，芸能・芸術，がその典型である。その他には伝統工芸やい

ろいろな伝統文化など，そして新しい文化創造にかかわる仕事もある。現在も新たな仕事，例えばアドヴァイザーやコーディネーターが次々に現れているように，今後も専門性を有する仕事がさらにあらわれることが予想される。これらの仕事のあり方はかならずしも一様ではない。スポーツを例にすれば，大相撲，プロ野球，Ｊリーグ，アメリカンフットボール，ゴルフ，バスケットボールなどきわめて多数あることはほぼ周知の通りであろう。そしてそれらの仕事は，個人の仕事と集団・組織としての仕事が混合している。伝統文化としての歌舞伎もおそらくそうであろう。

　なお，公的経営体だけでなく他の経営体や多様な仕事については，財政あるいは損益などをどうするかという問題が残っている。その場合，すでにしばしば指摘していることだが，格差問題への対応を組み込んだあり方が問われることになるが，この問題をめぐってはこれからの章で必要に応じて触れることになるであろう。

3．人間形成・維持・発展

　上で述べたような統治のあり方や経済のあり方にはそれに照応するような人間像と人間関係が求められる。それぞれの人が知っている程度の外国人について考えてみると，すべてとは言わないが，その国の統治・経済のあり方とおおむね相関関係にあることがなんとなくわかるはずである。人間は自己形成する存在でもあるが，どちらかと言えば他から（人的および物的環境）形成される面の方が多いのではないだろうか。しかし，節題にも示されているように，人間は形成されそれを維持する存在であるだけでなく，不断に発展する

可能性がある存在であることも確認しておく必要がある。節題に示されている発想は，1980年代に家族社会学理論においてそれまで支配的であった家族機能論に対置して表明したものである。家族（だけでなく他の諸集団・組織）にはいろいろな機能があるが，家族とは，単に人間を育てる（形成＝子育て）だけでなく，成人としての家族構成員の日々の生活を維持し，加えて人間としての発展にも資する存在である，というのが私の考えである。このような考え方は単に家族機能論としてだけでなく，人間の生活にかかわるあらゆる集団・組織にも適用できる一般性があることを表明したい。例えば，現在の一般企業で新入社員にたいして最初に研修をすることなどは，企業人としての形成を目的とすることにあることを考えれば容易にうなずけるのではないだろうか。そこでこの節では民主的人間像，民主的人間関係の形成・維持・発展について，代表的な分野を取り上げて述べることにしよう。広い意味での形成に結びつく教育機関，発展に結びつく生涯研究，維持・発展に結びつく余暇分野に絞って考えるが，さらには医療や福祉などもとりわけこの分野にかかわっているので（もっとも人間形成・維持・発展はあらゆる社会分野と関連しているのだが），簡単に付け加えておこう。

▼ 教育・学習経営体

　人間形成・維持・発展にとっては家族や地域さらには職場が大事な位置を占めているが，それは日常生活の中でそれぞれの性格に応じた位置を自然に占めているからである。家族，地域，職場においては，それぞれの生活活動が人間形成・維持・発展にいかにかかわるかについては，第5章で具体的に触れるであろう。ここでは人間

形成をそれ自体として担う機関である教育・学習機関としての経営体に絞って取り上げることにしよう。具体的には保育所，幼稚園，小学校，中学校，高校，大学（いわゆる専門学校を含む），大学院修士課程（必要なかぎりで博士課程も）までを思い浮かべればよいであろう。

　これらの経営体はすべて公的経営体というかたちにするのが望ましいであろう。したがって，これらの経営体はエリア，地区などの統括団の直接的管轄下に置かれることになる。そして各級の個別の教育・学習経営体もまたそれぞれの位層における複数の統括団によって運営されることになる。教育・学習内容については人間の発達段階に応じて具体化されることになり，それに応じた統括の範囲（地区かやや広い地区か，さらに広いエリアか）が措定されることになる。それらすべてに一貫しているのはいわゆる「学力」に加えて「身体的能力」であるが，それだけでなく民主的人間の形成そして民主的人間関係の主体的・集団的な取り組みがぜひとも必要である。これについては（私はかなり以前に道徳教育について述べたことがあるが），そのようなことを教師が教えるということだけではなく，子ども・生徒・学生が発達段階に応じて考え，自分たちでつくっていくことを方向付けるという性格ということになる。このことはいくら強調しても強調しすぎることはないと思う。なお，生徒・学生の個性について考えるならば，若干の私的経営体も存続するであろう。

　ところで私は，これまで折りに触れて民主主義について表明している。その場合，制度・政策の重要性をいささかも否定するものではないが，社会学の立場から「日常生活における民主主義」の大事さを強調している。「すべての人間が自分自身の才能や長所や美徳を十分に発揮する平等の機会を持つこと……それは，社会生活全般に

行き渡って行くべき人間の共同生活の根本のあり方である。……そして，納得の行ったところ，自分で実行できるところを，直ちに生活の中に取り入れていっていただきたい。……人間の生活の中に実現された民主主義のみが，ほんとうの民主主義なのだからである」。これは1948年に中学生の教科書として文部省刊『民主主義 上下』のなかにある文である。私が中学生の時に学んだ民主主義であるが，さらには，占領期という変革期だったので，民主主義教育として『あたらしい憲法のはなし』（文部省刊）というパンフレットも採用されていて，週に1回の授業が加わっていることをも確認しておきたい。なお，ここでも民主主義が軸になった内容であった。

　ここでは2つのことを確認しておこう。1つは日常生活における民主的関係は生徒・学生の間だけでなく，教員同士や教員と生徒・学生の間でも不断に形成する（発展を含む）ということである。もう1つは，この「形成」という言葉に示されているように，主体的に実行するということでもある。日本を例とするならば，21世紀に入ってからそのような関係や人間形成という実行が急速に減退しているのではないだろうか（学校でのいじめや教員のセクハラなどがしばしば報道されていることを想起せよ）。日常生活での民主主義が減退すると他のあらゆる社会分野にも波及することに注意をうながしたい。具体的に指摘するならば，現在の日本では日常生活での民主主義が喪失に近くなっており，例えば教育現場で報道されているいじめや教員のセクハラだけでなく，政財界ではいろいろな「不祥事」がこれまた多く報道されていると言えるであろう。しかし，その対応は対症療法の域を脱しない，いやそれすらも不十分ではないだろうか。その底流には民主主義的意識が希薄になっていることを指摘で

きるのではないだろうか。

▼ 生涯学習・研究について

　一応の人間形成がなされた後の成人については，その維持・発展
にとってはこれまた家族，地域，職場などが一定の位置を占めてい
るが，ここでは成人がより主体的活動をする場を取り上げることに
する。

　生涯学習についてはとりわけ説明する必要がないであろう。これ
にたいして生涯研究の方は，2001年に私がはじめて表明した考え方
である。生涯学習という言葉は（その内実はともかくとして）現在ほぼ
一般的に使われているが，私は生涯学習だけでは人間の発展にとっ
ては不十分であり，場合によってはマイナスに作用することもある
と考えている。具体的な技能を得る（向上させる）という学習はとも
かくとして，例えば講演などで識者の話を単純に聴くだけという学
習では，当人は学習したつもりでも，学習したつもりだけになって
いる場合が多いように思われる。具体的に言えば，「ああ，いい話を
聴いた」だけで終わるということを意味する。私見では，これにわ
ずかでも「研究」を加えることによってはじめて発展にむすびつく
学習になると思う。研究というと何か専門家の難しい営みと思われ
るかもしれないが，そのように難しく受け止めないことである。

　もっとも日常的な営みとして料理を例にすれば「研究」というこ
とがわかりやすいのではないだろうか。料理についての本，テレビ，
料理教室など学習材料が氾濫している。しかし，実際の料理では学
んだことをそのまま実行するわけではない。自分自身や家族構成員
の好みなどがあるので，何らかの工夫が必要である。研究とはこの

工夫だと受け止めればよいのである。事実としても，専業主婦の中にはいつのまにか料理の専門家として本を出版したりテレビ番組に出ている人がいることは周知のことであろう。この人たちは他の人たちよりも工夫＝研究を重ねているはずである。料理にかぎらずいろいろな営みには，単に職業としての仕事にかぎらず，日常生活のいろいろな場面での生活活動でも多様な工夫＝研究がなされているはずである。

　私が学習と研究をセットにして言うのは，学習だけでは「学習したつもり」で終わることが多いこと，そして研究が加わると学習したことも含めて人間の発展に結びつくことを強調したいからである。したがって，その気になれば，人はこのような研究によって生涯発展し続けることになる。手前味噌になることを承知で言えば，そのような考えで私は「京都舩岡塾」という大人の塾を10年以上前から継続している。だから，先に挙げた特殊な経営体の中には生涯学習・研究に結びつく経営体が含まれることにもなる。舩岡塾という私塾とは必ずしも同じ考えではないかもしれないが，考えてみると難しく頭を使うような分野でなくとも，お茶，生け花，踊り，楽器，スポーツなど私塾の分野はかなりありそうである。その場合，生涯学習にとどまるか生涯研究にまで進むかは取り組む人のスタンスということになる。人間の生涯発展という私見にもとづけば，生涯研究にまで進むことが望ましいことは言うまでもない。創意・工夫といったこのような学習・研究はおそらく小規模な私的経営体をも必要とするであろう。

▼ 医療・福祉など

　人間形成の維持・発展という分野にとっては〈医療〉と〈福祉的分野〉を欠かすことができない。医療については自然的存在としての人間にとっては，産まれた時から死去までの生涯にかかわる分野であり，先の経営体のあり方との関連で具体的に考える必要がある。医療経営体としては，私は３つのあり方を想定している。１つは，現在は病院とされている大きな医療経営体であり，主として科学・技術の研究とも直接結びついている公的経営体である。したがって，この経営体は医学部のある大学あるいは医学・医療の研究所とほぼ一体となっている経営体として性格づけられることになる。しかし，このような経営体だけでは続出する「患者」をすべて引き受けることはできないであろう。だから，同じ公的経営体であっても，主として医療業務そのものが軸となる性格の経営体をも加える必要があると言えるであろう（必要に応じて研究もする）。さらには，現在の保健所のような公的経営体も加える必要がある。しかし，これだけでは人々の医療の必要性を満たすことができないことは，現在の医療のあり方を考えれば容易に納得できるはずである。

　現在，医療分野はかなり細分化されているようである。内科，外科，小児科，産婦人科，泌尿器科，皮膚科，耳鼻咽喉科，眼科，歯科，非専門の私でもこの程度はすぐに思い浮かぶが，この他にもあるだろうし，これらの分野それぞれはさらに細分化されているはずである。乏しい知見だが，整形外科や小児外科などが思い浮かぶ。そのような医療のあり方について考えてみると，細分化に対応することに加えて，日常的に簡単に診療が可能であることも要請されるが，これについては現在のいわゆる町医者や小さな診療所を思い浮

かくればよいであろうし，またそのような医療業務が好きだという
医師もいるであろうし，さらには僻地や離島といった地域的要請も
あるであろう。したがって，医療経営体のあり方は，先に挙げた大
きな2つの公的経営体以外は，いろいろな条件によって公私の経営
体のあり方が多様になると考えられるが，小さな私的経営体も必要
ではないだろうか。大事なことは，あらゆる人に医療経営体が十分
に確保されていることである。例えば，地域における人口と人口密
度を考慮して医療経営体とそこに従事する医師や看護師の配置，さ
らには救急体制の整備などが挙げられるであろう。

　次に，いわゆる福祉的分野はかなり複雑であり，医療分野以上に
具体的な生活実態との関連で考える必要がある。医療と福祉を同じ
項目で取り上げるのは両者が密接に関連していると考えられるから
である。現在は社会保障・社会福祉とセットで考えられることが多
いようであるが，100年後にはこの分野の様相が様変わりしているで
あろう。例えば，保育分野は教育分野に組み込まれていると考えら
れるし，経済的貧困への対応として性格づけられる生活保護はおそ
らく必要でなくなるであろう（生活経済の保障のあり方については新た
に考えて設定する項目になる）。そうすると，ここでは具体的に展開し
ないが，非専門の私見では，世代毎の福祉のあり方に応じた福祉経
営体が想定されることになるであろう。多少具体的に言えば，小学
校以前の子どもへの対応，小学生・中学生への対応，青年期（10代末
から20代），そしてそれ以降，高齢者への対応には福祉経営体のあり
方（専門的従事者などに加えて医療と似たように公私の混合のあり方な
ど）が多様性に満ちているであろう。医療経営体とほぼ同じように，
大小の公的経営体だけでなく，簡単な私的経営体や健康相談所的経

営体も存続する必要があるかもしれない。障害者や介護・看護を必要とする人たちへは医療経営体との関連でこれまた多様なあり方が想定される。これらについては，必要に応じて以後の叙述のなかで触れることになるであろう。

〈番外編——「余暇分野」を考える〉

　ここで「余暇分野」と括弧をつけたのは，これまた表現も含めた発想の転換という私の考えを表したものである。人間の形成・維持・発展にとって，この分野は欠かすことができない生活分野である。そこで，後の２つの章の前提にもなる考え方として，いささか理論的ではあるが，発想の転換としての私の考え方をおおざっぱに述べておこう。

　社会科学における生活の理論的把握については多様に論じられてきたが，生活時間についてはほぼ定着していて政府などの調査にも使われている。すなわち，１日の生活時間を労働，休養，余暇の３つに分けて捉えるということである。このような発想では，とりわけ余暇時間が大事な問題となる。余暇時間（自由時間とも言われている）とは，文字通り労働，休養の時間から余った時間ということになる。労働時間が多くても睡眠時間（この時間は休養に入る）なども不可欠であり，残りの時間が文字通り余った時間ということになるので，人々の生活条件によって余暇時間が乏しいあるいはほとんどないこともあり得るのである。余暇分野はそのような重要な現実問題を含んでおり，現実問題については後で具体例を若干挙げることにして，ここでは理論問題をきちんと確認しておきたい。

　私は，労働，休養，余暇といったこれまでの生活時間についての

発想を根本的に変えることを主張してきた。これまでは余暇時間は
文字通りに余った暇な時間と考えられてきたが，発想を転換すると，
人間生活にとっては余った時間ではなくて必要な時間（そして活動）
であると考えるべきだというのが私の主張なのである。このような
発想によれば，人間の生活時間・生活活動は，生理的必要時間・活
動，社会的必要時間・活動，精神的必要時間・活動として考えられ
ることになる。簡単に示しておこう。生理的必要時間とは，睡眠・食
事・入浴・その他の時間であり，これが人間生活にとって不可欠で
あることは容易にわかるであろう。社会的必要時間にはかなり個人
差があり，私は広い意味での仕事と性格づけている。日々の糧を得
るための仕事（＝労働）だけでなく，家事・子育てや看護・介護，そ
して未成年者では多様な学習がこれに当たる。さて一般には余暇あ
るいは自由時間と考えられている精神的必要時間については，私は
「必要時間」であることを強調したい。つまり決して「余った時間」
ではなくて，人間が生きていくにあたっては「必要な時間」だとい
うことです。現在のこの精神的「必要時間」をめぐっては，仕事あ
るいは労働条件によって，「暇がない」あるいは仕事が終わったら寝
るだけ，さらには過労死さえも……，そして当人がほとんど意識し
ないでこの「必要時間」を仕事などに当てているケースも加わるで
あろう。つまり，この精神的「必要時間」が確保されていない，き
わめて乏しいという生活が圧倒的に多いのではないだろうか。

　私が生活時間についての新たな発想で，なぜやや難しい話を入れ
たか。考えてみると，現在の多くの人々がこの精神的「必要時間」が
著しく乏しいと思われるからです。未成年者の多くは学習時間がほ
とんどで遊ぶ時間（＝精神的必要時間）が乏しく，そんな生活の下で人

間形成がなされている。成人の方はどうかと言えば，これまた仕事
＝社会的必要時間がほとんどで，休養時間（＝生理的必要時間）までが
少なくなっている。そんな生活の下では人間の発展どころか維持ま
でが困難になるであろう。これまでも発想の転換とか（社会学では）
パラダイム転換という主張がしばしばなされているが，基本となる
概念（用語・表現）にまで及んでいないことが相対的に多いようであ
る。以後の展開でも必要において具体的に触れるが，発想を転換す
るには使う言葉をも変える必要があることを強調したい。私の発想
の転換による言葉（概念）を例示すれば，この生活時間の区分もそう
だが，他に公的経営体，私的経営体などはこれまでの社会主義・共
産主義と発想が異なることを示すものであり，具体的には使ってい
ないが，政治を含めて民主主義については民主・非民主・反民主と
いう立場・言動として捉え，これまでのような保守，革新，左派，右
派などという曖昧な表現をしないことをも挙げることができる（保
守にも「革新」があり，革新にも「保守」があることを想起せよ）。

4．社会秩序

　上の節で取り上げなかった分野を一括して「社会秩序」というか
たちで取り上げることにする。簡単に分野別に整理することが難し
く，分野によっては重なっている場合もあるからである。以下の具
体的展開でおおよそわかると思われるが，ここで言う「社会秩序」と
は，社会のあり方が大多数の人々にとって好ましい状態を維持・発
展することを意味する。その意味では，すでに取り上げた社会分野
も「社会秩序」にとって意味のある存在であるが，この節ではかな

り直接的に結びつく分野と受け止めればよいであろう。そしてこれ
らの分野は相互に結びついているのだが，ここでは一応分けて取り
上げることにする（分野についてはいわゆる「分類」ではないことをこと
わっておこう）。

▼ 資源・エネルギー，環境

　これらの分野については一括して取り上げる方がベターであると
思われる。これらの分野に共通するのは，ゾーン，エリア，地区な
どの地域的特性を考慮したそれぞれの独自のあり方という考えでは
なく，地球全体の調和を考えの基本におく分野として性格づけられ
るということである。

　まずは資源・エネルギーについて考えてみると，すでに触れてい
るように，世界的にはとりわけ資源が地域的に偏在しており，エネ
ルギーもまた偏在することになるであろう。したがって，その新た
な開発や活用（配分）は地球規模で調整する必要があることは当然で
あろう。資源・エネルギーについて具体的に考えてみると，資源を
めぐっては，単にエネルギー源にかかわるいわゆる地下資源だけで
なく，地上資源や海上資源（さらには宇宙資源も）なども含めてトータ
ルに考える必要がある。これらの資源は地球上では地域的に不均等
に存在しているだけでなく，質量ともに適切な配分がかならずしも
なされてはいない。具体的に指摘するならば，経済的発展の度合い
（＝その国の経済力）や科学・技術の発展度合い（経済的発展とほぼ相
関）などによって，その配分（＝獲得）には差異以上の格差があるのが
21世紀初頭の現実である。加えて，資源・エネルギーとりわけ後者
には無駄が多いように思われる。いわゆる先発国は資源・エネル

ギーが相対的に獲得しやすい「地域」へ経済的進出を果たそうとしている。もちろんそれだけではなく労働力問題もからんでいる。したがって，この2つの配分については，私の言う「ゾーン」および「エリア」という地域区分を生かした配分ということになるであろう。その意味は，資源・エネルギーの移動（輸送）を少なくすることに尽きるであろう。

　次に，環境について考えてみると，経済的諸活動（主として物質的生産と運輸）については，先に述べた混合経済であっても，やはり地球規模での一定の調整が必要であり，とりわけ地理的条件が重要な位置を占めることになる。環境についても資源・エネルギーと同じようにトータルに考える必要があり，しかも資源・エネルギーと結びつけて考えることが大事である（地球汚染を想起せよ）。これまでのいわゆる「大国」エゴが解消している未来では，多様なゴミなどの処理が重大な問題として提起される。現在は，いわゆる先発国から後発国へと処理の移行までが語られており，これは先発国エゴのなにものでもない。

　環境問題についてもすでに述べているエリアとゾーンという地域区分を生かす方向が好ましいであろう。若干具体的に示すならば，エリア・ゾーンにもとづいて世界的分業システムを地理的条件を考慮しての構築ということになる。1つのゾーンでどのような分業と資源・エネルギーの活用かをはっきりさせる。例えば同じゾーン内でも相対的に農業に適しているあるいは他の産業に適しているといったことをエリアにおいて考慮するということである。そうすると，多様な生産物の他のゾーンへの移動（現在では輸出）においては簡単に調整するということになる（多様な廃棄物については金星など宇宙の

活用についてはすでに提起した)。

▼ 交通・宇宙

　この事項については具体的に示すことはきわめて難しい。この分野は 21 世紀に入ってからは日進月歩という表現では足りないほどに急速な「進歩」を続けている。例えば列車については時速 400 km 以上にもなりそうである。宇宙についてもすでに若干は触れているが，人類 (主として宇宙艇) が到達する範囲は驚異的に広がっており，有人飛行についてもどこまで距離をのばすか簡単には想定できなくなっている。したがって (とりわけ非専門では) 具体的に示すことが難しいので，ここでは基本的な考え方を示すことにとどまらざるを得ない。この 2 つについては，世界的な公的経営体をゾーン統括団などによる調整・管理—それ自体がいくつかの部門に分かれている—によって，開発・規制などをすることになるであろう。

　地上の交通網については，21 世紀初頭の多様な交通状態とは異なる多様性という性格になるが，それについては交通手段そのものの変化 (進歩) によることが大である。超高速の列車などの大部分は現在は 1 国内に限られているが，ゾーン内とエリア内には縦断・横断のレールが効率的に敷設されることになる。ゾーン内 (主として縦断鉄道) では数本の敷設で十分であるが，どれだけの速度になるかは 100 年後の科学・技術の発展に照応することになる。エリア内では縦断・横断ともにこれまた効率的に敷設されることになる (ゾーン内よりは速度がやや遅い)。そして交通手段に応じた道路の整備がなされる。高速道路，自動車道，自転車道，歩行者道，その他などで，かなりの立体道路網になる。さらには地下の活用が大きく前進することに

なり，それに照応して地下の交通網も大幅に整備される。単に地下鉄だけでなく多様な交通網（例えば地下エレベーターのようなものを思い浮かべればよいであろう）が創設されることになる。このような交通網が具体的にはどのように整備されるかは，100年後の科学・技術の発展度合い，そして地球の新たな開発度合い（観光も含む）に応じたものであるとしか言えない。

　次に取り上げる必要があるのは，「地球の範囲」としての空の交通網である。空の交通については航空機の発展によって範囲（＝高度）がかなり拡大されるとともに陸上交通と同じように航空機（ロケットも加わる）の速度に応じた交通網の整備ということになる。旧来の国境がなくなるとともに領空という存在もなくなるので，地球全体での整備が可能になる。航空機の多くは公的経営体によって運航されるが，低空飛行として民間あるいは私的航空機・ヘリコプター，さらにはドローンも含めた交通網として整備されることになる。なお，河川や海の交通網については，漁獲以外は交通網として直接的利用が少なくなると考えられるので（観光としての活用はあるだろう），必要に応じた整備ということになる。

　交通網の整備のためには宇宙の開発・規制・管理がきわめて重要になる。開発は主としてゾーンあるいはエリアさらには世界規模における公的経営体が担うことになるが，そうでない開発を排除するものではない。多様かつ広範囲に開発された宇宙の「交通網」（人工衛星や宇宙ステーションなども含む）の規制・管理をどのようにするかが問題である。とりわけ「地球の範囲」における空の交通網との調整が大事になる。そのような管理・規制は地球の統括団の下に相対的に独立した機関を設けることに加えて，各ゾーン・各エリアの統

括団もそれに準じた機関を設けて，それぞれの範囲に応じた企画・管理・規制がなされることになる。

▼ 治安と軍

　社会秩序に強くかかわる分野として，治安（＝警察）と軍のあり方がきわめて重要になる。未来においてどのような社会になろうとも，犯罪が完全にはなくならないと考えられる。なぜならば，広い意味でどのような教育がなされるにしても，人間の多様な欲望とこれまた多様なパーソナリティが一様になるわけがないと考えられるだけでなく，おそらく精神疾患もなくならないと考えられるからである。さらには交通事故やその他の災害などいろいろな過失事故も存続するであろう（治安に含めない消防経営体や各種救助経営体も考えられる）。したがって，そのような不慮の出来事に対処する機構や人々の普段の生活が安定・安心の状態であることを維持するなどの機構として治安分野が不可欠である。これについてはエリア単位・地区単位に設定されることになる。

　もう1つは軍隊という分野も必要である。SF映画などでは他の天体からの地球侵略にたいして「地球防衛軍」という名の軍事手段によって対抗するという描かれ方が多いように思われる。しかし実際に他の天体に人類と同じあるいはそれ以上の生き物が存在するとは考えられない。UFOについての存在（目撃）がしばしば報告されているが，果たしてどんな存在なのかは明らかになっていないだけでなく，最近ではその存在が疑問視されてもいるようだ。SFの世界でないならば，私の乏しい認識でも，他の天体の生き物であることが未だにはっきりしないことはあり得ない。ご存じのように，地球が誕

生してから40億年という長い時間が経過している。そして人類生誕からでも数百万年が経過しており，その間に他の天体の生き物の存在は具体的には確認されていない。したがって軍隊（軍備）については「地球防衛軍」という性格ではなく，地球上（一定の宇宙も含む）の問題に対処する機構として性格づけられる。ごく一般的な（個別的な）不慮の出来事に対処するのが治安維持の警察機構であるのにたいして，軍隊つまり地球軍はよりマクロな事項に対処することになる。そしてまた警察や消防隊などだけでは対処が難しい問題（例えば自然災害）にも対処することになるであろう。地球軍については歴史的整備の展開に簡単に触れる方がよいであろう（他の分野では不要というわけではないが）。すでに触れているように，地球世界・地球人の形成の出発点は国家とは異なるエリア形成から始まる。その場合には当然軍隊を必要とするが，これを最初の地球軍とネーミングすることについてはすでに述べた。そしてエリアの拡大に応じて地球軍も拡大することになるが，その段階では存在する国家の軍とは性格があまり違わない。問われるのは最終的に地球軍だけになった段階での性格ということになる。戦い・防衛・威嚇などの対象国が存在しなくなるからである。私見では核兵器あるいはそれに類する兵器の管理および宇宙におけるトラブルへの対処が地球軍の最終的性格になるが，上で指摘したように，エリアなどの内部での公安機関で処理できない出来事（具体的にはそのすべてを明言することはできない）への対処が加わることになる。

　以上，重要であると考えられる分野についてややおおまかにスケッチしたが，実は残されている重要な分野あるいは課題を追加する必要があることは言うまでもない。その後の歴史の進展によって，

今後の地球人が具体化する課題であろう。これについては具体的な予測が不明瞭なので、〈番外編〉で簡単に指摘するにとどまる。

〈番外編　残された課題〉

　先に入れるとややこしくなるので、経済分野では基本的なあり方だけを示したが、格差を可能なかぎり少なくするという観点から、いくつかの補足を加えよう。先に一種の「混合経済」というあり方を示したが、これはまだ「過渡期」の段階のあり方とするものであり、私見では徐々に「公的経営体」の方向に進み、「私的経営体」では個人的・家族的経営体が妥当だと考えられるものだけが存続するであろうと予測している。

　さて経済分野そのものとしては、いくつかの残された課題を追加しておこう。これらは重要な課題ではあるが、これまでに挙げた各分野それぞれに未確定（簡単には確定できないという意味）部分をかなり残しているので、「方向性」程度にしか示せない（加えて私の非専門の分野でもある）。重要な分野というのは、もっとも根本的には、表現の仕方が難しいが、基本的には経済的格差解消のあり方としていわゆる「不労所得」をなくすという「方向性」にほかならない。具体的に例示するならば、不動産としての土地の売買を挙げることができる。土地の価格が場所によって大きく異なりしかも常に変動していることはほぼ常識であろう。土地の私的所有によって景気変動における「土地ころがし」を想起すればよいであろう。格差の要因であると考えられるものをさらに追加すると、「不労所得」に結びつく「金融・株式」分野、そして相続問題を指摘することができる。その具体的なあり方については、経済システムの歴史的変化に応じて

措定されることになるであろう。経済システムとしては，さしあたりは混合経済というあり方を提示したが，大事な分野の公的性格づけと私的性格づけをどうするかということを意味する。

　第1に挙げることができるのは「土地の公有化」問題である。いわゆる経済的格差をもたらす重要な要素の1つとして土地の私有財産制を挙げることができる。日本の例としてやや具体的に考えてみよう。もっとも根本的には「地価問題」として性格づけられる。毎年報道されるのは地価の変化である。地価そのものとその変化については多様な要因が考えられる。具体的には場所によるもの，日本で言えば太平洋ベルト地帯とりわけ東京を中心とした関東地方および大阪を中心とした関西地方を指摘することができる。これに加えて，新たな鉄道敷設・道路敷設や大企業などの進出といったことがその時々の条件によって地価が高騰する大きな要因の1つになると考えられる。一定の期間とはいえ，そのような地価の変動が不動産業の消長に大きく作用するが，そのことによってそのような土地を使用する者にとっては（例えば住宅建築）疑問・不満の種となるであろう。私見では，土地の公有化によって不合理とも思われる土地の売買問題への対応策となると考えられる。その場合，現在の固定資産税にも似て，土地の使用料が徴収されることになる。基本的にはこのように考えられる土地の公有化については，農業用地，住宅用地，各種経営用地，運輸用地などが考えられるが，その用途に応じる土地の使用料をどのように具体的に決めていくか（その上限など）という大きな課題をかかえることになる。

　第2には，似たような性格の分野として最広義での金融分野を挙げることができる。具体的には銀行やそれに類する経営体，証券会

社やそれに類する経営体などの分野である。私が主張する既述の混合経済システムであることを前提とするならば,「純粋な」資本主義経済システムと同じ性格ではない。一応具体的に想定されるのは公的経営体としての〈世界銀行〉,〈ゾーン銀行〉,〈エリア銀行〉などであるが, 規模のより小さいその他の金融経営体については, 公的経営体か私的経営体か, 上位の規模の金融経営体と一般の公的経営体との関係をどのように考えるか, そして具体的業務はどうであるか, さらには異なる性格の金融経営体の関係はどうであるか, といった複雑な課題をかかえることになる。現在のような「株式」が残るのかどうか, もし「株式」が残らないとしたら, 各種経営体の資金問題への対応が具体的にはどうなるかという問題が提起されるであろうし, またこれに付随して銀行が株を保有するかどうかなど多様な課題があることを指摘だけしておこう。

　第3には, 経済的格差問題とも密接に結びついている相続のあり方を挙げることができる。この問題については, 相続にはいわゆる「労働所得」とはやや異なる累進課税制があるとは言え, やはり格差存続の大きな要因の1つになっている。具体的なあり方としては, 量と質の両面, つまりどれだけの量の相続であるかということおよびどんなものを相続するかという両面から検討するという困難な課題をかかえている。土地所有という相続はなくなるが, 土地の使用権の相続をどのように考えて規制するか,「生涯収入」(これについては第4章で後述) の違いによる「財産」の相続問題をどうするかということがやはり課題として提起される。相続問題について追加すると, いわゆる相続を全くなくしてしまうのか, もし存続させるとすれば, その上限などをどのように決めていくかという問題があると言えよう。

第4には，公的財政のあり方が問われるというこれまた面倒な課題を挙げることができる。混合経済との関連でどれだけの公的歳入があるかということ，そしてすでに提示した地域，すなわち世界・ゾーン・エリア・より小範囲の「地区」における公的支出はどうかという具体的な検討課題が複雑にからみあっている。やや具体的に言えば，世界，それぞれのゾーン，エリア，地区の財政収支問題を意味する。一方では直接的生産に結びつかない経営体は公的支出のみということになり，他方では「利益」を産む経営体からのいわゆる「税収」についてどのように考えるかという課題が投げかけられている。

　そしてさらに追加する必要があるのは情報関連分野である。この分野は21世紀に入って急速に発展（変化）しており，その個別的あり方（規制）はきわめて曖昧な状態にあるのではないだろうか。情報関連については，情報専門の経営体のほかに他の公的経営体と私的経営体のかかわり方など複雑な問題を抱えている。21世紀初頭においてもすでに多くの問題を抱えていることが指摘されているが，とりわけ犯罪に結びつく可能性の問題，国家間をめぐる問題（サイバー攻撃など）がかなり報じられており，今後どのような問題が生じるかの予測はきわめて難しいと考えられる。問題に対するその都度の対症療法的対応ではなくて，自由を損なわないような規制のあり方を根本的に確定することが大事であろう。

　なお，よりミクロな日常生活をめぐる問題も，社会・生活の変化によって生じることが予測されるが，以下の章で可能な範囲で触れることになるであろう。

第4章　仕事は義務である

イントロダクション

　仕事をどのように考えるかということには，哲学的思惟（主として人間観・価値観）が大きな位置を占めているようにも考えられる。ここで「労働」と言わないで「仕事」と言うのも私の哲学的思惟（そして社会学的思惟）が入っていることは言うまでもない。

　若干余計なことを付け加えると，現代の多くの人々にとっては，仕事は主として生計費を稼ぐ営みである。そして学術的には，仕事とは言わないで「労働」と表現されることが圧倒的に多いように思われる。私見では，経済学あるいは経済的考えが疑問もなしに日常語としても当たり前のように使われているからだと思う。そうすると「労働」とは価値を産むあるいは所得を得る人間活動ということになる。経済至上主義的な考えから脱することの重要性については，私はこれまでしばしば表明している。そうでないと現実の見方が知らず知らずのうちに経済を基準とするようになると思われるからである。そのさいたるものとして，いわゆる GDP による国の「発展」が大きく取り上げられることであろう。もちろん，GDP に示されるような経済的（発展）思考の必要性を否定するとか無視するとかという意図は毛頭ないが，人間の生活活動は経済活動（＝労働）だけではないというのが私の基本的な考えである。

　私たちの生活についてやや具体的に考えてみればわかるはずだが，意外と整理されて考えられていないことが多いようである。すでに若干は示唆的に述べているが，仕事はいわゆる「労働」とイコー

ルではないこと，しかし，人間とは仕事をする存在であること，そして「小人閑居して不善をなす」とも言われているように，仕事をする能力があるにもかかわらず仕事をしていないと，「不善」に結びつきやすいのではないだろうか。やや独断的な見方であることを承知で言えば，体力・知力において十分に仕事ができる40代，50代に多くなっている日本社会の犯罪には，報道によれば無職の者が大半を占めているようにも思われる。これは仕事をしていないことと無関係なのであろうか。

　未成年あるいは超高齢者そして病気である者を除いてはすべての人間は仕事（＝ほぼ労働）をする存在であるというのが私の基本的な考え方である（障害者は障害の程度に応じた仕事をする存在）。事実としても，親の遺産や収入などによって生活している者をのぞいては，ほとんどの成人は何らかの仕事をしているはずである。そこでこの章では，次章での人々の日常生活を考える前提的な確認として，まずは仕事と人間あるいは人間にとって仕事とはということについて述べ，仕事の本質的意味を確認する。ついで仕事に結びつく事項として時間と収入について述べ，また仕事の多様性について合わせて考えることになる。次には，科学・技術の急速な発展によってロボットの製作技術が日進月歩の発展を続けており，とりわけAIの発展による活用の進展は著しいと言えそうであり，今後どこまで発展するかわからない。後述するように，ロボットの活用は産業用としてスタートしたが，今や日常生活にもロボットの活用の可能性が進んでおり，今後はAIと結びついたロボットの活用が人間生活における比重を増してくると考えられる。したがって，ロボットの人間生活にとっての意味についても仕事および日常生活との関連で合わせて考

える必要に迫られている。要するに，100年後の22世紀と現在を若干対比することも含めて，仕事をめぐる様々な変化についてこの章で考えることになる。

1．人間の本質としての仕事

▼ 人間にとって仕事あるいは労働とは

　ここでは，導入部あるいは仕事についての基本的な考え方としてやや難しいことを述べることになるが，若干は我慢していただきたい。それは「人間がいかにして単なる動物ではない人間になったか」ということを，人類史的に確認することを意味する。異論があることを承知で言えば，人間（＝ホモ・サピエンス）はいわゆる「類人猿」的段階から，2つの点で動物段階を抜け出した。1つは道具をつくる存在だということであり，もう1つは「共同活動」をする存在だということである（これについては家族の起源を追求するにあたって，私は人類社会生成までさかのぼって論じているので，その詳細については，拙著『家族の社会学』1976年，『家族社会学の基本問題』1985年　いずれもミネルヴァ書房刊を参照）。

　前者については，人間が目的意識的に活動する存在であることを意味する。動物のなかには道具らしきものをつくるものも存在するが，それはあくまでも本能に応じた活動にすぎない。だから人間には発展があるが動物にはないということになる。学習と伝達によって発展したこと，現在もこの意味での発展を続けていることは言うまでもなく周知のことである。他方，もう1つの「共同活動」つまり人間が共同的存在，集団主義的存在（私は「動物的個体主義」から

「人間的集団主義」へと前掲書で述べている）の方はかならずしも周知とは言えないようである。人間が「社会的存在」ということは多く言われるようであるが、その場合は社会が諸個人を条件づける（規制する）という面に傾斜して「社会をつくる」という主体的面が希薄になるように思われるが、果たしてどうであろうか。話を人類社会生成に戻すが、類人猿からの進化のプロセスで、最終的にはネアンデルタール人とホモ・サピエンスが残り、後者が人類の祖先であることは周知のことである。人類学では多分定説に近いのではないかと思われるが、前者には共同性が乏しく、後者では共同性こそが特質であったということであり、私はその説に接した時にはなるほどとうなずけた。つまり、人間にとっては共同で「労働する」ということがその本質にほかならないということである。この章の題になっている「仕事が義務である」には、そのような特質に人間の本質があると考えられるからである。後で生活時間の区分に「社会的必要時間」という発想・概念が出てくるのもこのような人間の本質にもとづいている。しかもこの社会的必要時間は一人の活動ではなく、何らかの「共同」をともなう活動なのである。例えば、工芸品などをひとりでつくっている場合でも、それに使われている材料や用具をすべてひとりで手に入れているはずがない。さらには食事なども完全自炊であったとしても、食事に必要な器具までひとりでつくってはいないはずである。またつくった工芸品は商品にして売るかあるいは他者に贈呈するかということになり、これまた「社会的必要時間」の活動ということになる。仮に人里離れた場所で誰とも交わりがない生活をしていたとすれば、「社会的存在」ではなくなったという意味で「社会的必要時間」だった時間は異なる時間ということ

になる（但し，完全に「社会的存在」でなくなったわけではない。共同的
側面は乏しいが，彼の生活用品の一定部分は彼の仕事の産物ではないはず
である）。

　いささか面倒とも思われる確認をしたが，成人になっても仕事を
ほとんどしない人間が増えていると思われるからである。具体的に
は主として親の財産（遺産も）あるいは親の収入（その他，主として他
人の収入）によって生活していることを意味する。そのような状況に
対して人間とは仕事（＝労働）をする存在として，また他者とともに
生きる存在として人間になったことを是非とも確認しておきたいか
らである。「仕事は義務である」とは，当初（原始時代）は義務という
意識もなしに，部族の成人の構成員はすべて仕事をしており，未成
年者はそれを学んでいたことの本源的意味にほかならない。いささ
か面倒な叙述だったかもしれないが，人間生活・社会を考えるには，
それぞれの分野で発生史的な確認からその本質的意味をはっきりさ
せておく必要があるというのが私の基本的なスタンスであることを
強調したい。

▼ 仕事時間

　ほぼすべての人に課せられる仕事時間について一般的に示すのは
きわめて難しい。これはあとで触れる仕事の多様性とかかわるだけ
でなく，仕事をめぐる諸個人の意思とも結びつく問題だからである。
ここでは，前の章で示した「混合経済」という経済システムとの関
連で，大多数の経営体（公的，私的を問わない）における仕事時間（標
準的であるかどうかは言えない）について述べ，21世紀初頭の日本の仕
事時間について比較の意味で簡単に確認しておこうと思うが，個人

的あるいはそれに準ずるような仕事についても，仕事時間を考える
という意味で触れることになる。多様な仕事（経営体）そして多様な
雇用のあり方によって仕事時間はケースバイケースに応じて異なる
が，ここでは圧倒的多数の人々の仕事時間（決して標準という意味で
はない）を取り上げ，相対的に少数と思われる仕事についてはあとの
項で取り上げることにしよう。

　具体的には主として公的経営体および規模の大きい私的経営体に
ついては，現在の一般的な類似の企業を念頭に置けばよいであろう。
ごく当たり前の体験的事実であるが，現代日本を例とするならば，
一日に8時間「労働」，週休2日間（他に祝祭日もあり，有給休暇もある）
というタテマエになっている。実態との乖離がどうかということは
ここでは問わないことにしよう。100年後の未来においては，一応は
タテマエ（法的規定）と実態が乖離しなくなっているとするならば，
週の仕事は3日間で1日に4時間程度と想定することができる。そん
な短い仕事時間＝社会的必要時間（これについては考え方も含めて後
述）で経済が回っていくのかという疑問が当然出るであろう。

　それぞれの諸個人が現在のように違った仕事をしており，具体的
に分担している仕事の代わりが難しいという状況であるならば，全
体としての社会的必要時間が少ないと受け止められるのは当然であ
ろう。しかし，100年後には現在とは異なる職場条件をつくっている
と考えたらどうであろうか。具体的にはなんらかの仕事に3〜4人
で交代で従事するということである。例えば，Aは月・火・水の午
前，Bは月・火・水の午後，Cは木・金で12時間といった組み合わ
せにするという考え方である。これはあくまでも基本の考え方で
あって，そのバリエーションはいくらでも想定することができるで

あろう。

　以上は相対的に多数の人々の仕事時間である（以後の展開でもこのような仕事時間を前提として述べることになる）。しかし，すでに経済システムで触れたように，すべての人がこのような一種の「標準時間」にもとづく仕事によって生活しているわけではない。つまり，相対的に少数と思われる仕事をしている人には週に3日間，1日に4時間といったような一種の「標準時間」では仕事に適合しないということにほかならない。容易に思い浮かぶのは，いわゆるアスリート，芸術家，芸能人，その他特殊な業種（例えば，競馬の騎手とか，一回限りの仕事やアドバイザー的な仕事など）である。そしてこれらの仕事に従事している人々には，いわゆる「仕事」だけでなく，仕事のためのトレーニングや準備さらにはその仕事についての学習・研究などを必要とする（学習・研究はこのような仕事に限らない）。それらも仕事とするかどうかを勘案すると，仕事の種類によったりまた当人の意思によったりあるいはその他の条件によって，仕事時間を簡単に割り出せないことになる。さらには小規模の家族・私的経営体での仕事（とりわけ農林漁業や小さな商業など）そして多様化している小規模なサービス産業の従事者などについても似たようなことが言えるであろう。またプロのアスリート（プレイヤーなど）には種目それぞれにおける年齢にはおおよその上限があり，そのような条件をどのように考えるかという問題が加わる。そのような諸問題については，次の項で述べる「生涯収入」との関連をも視野に入れる必要がある。まとめていえば，仕事時間は先に触れた一種の「標準時間」だけでは済まされないことにほかならない。そこで次には，収入問題ともからめてやや具体化してみよう。

▼ 仕事と収入

　仕事（＝労働）は生活にともなういろいろな費用の必要性が基本と
なるが，その収入についても新しい考え方が適用される。21世紀の
ある時期までは，収入については時間給，週給，月給，年俸など仕
事の機関あるいは時間によって決められるのが一般的であったが，
22世紀では〈生涯収入〉という新しい考え方が採用されることにな
るので，やや具体的に示すことにしよう。ほとんど周知と思われる
が，21世紀初頭までは，極端な格差社会であった。(1) で若干触れ
たように，極端な国家間格差と国内格差があった。日本を例にする
ならば，いわゆる正規社員のほかに派遣社員，契約社員，アルバイ
ト，パートタイマー等々，きわめて多様な「働き方」があり，その
違いによって収入格差があり失業状態もあった。さらには仕事に見
合った収入であるかどうかはともかくとして，プロのアスリートの
年収は何十億円と高額の者がいる一方，一般のサラリーマンよりも
低い年収の者もいる。そのような大きな格差はなにもアスリートに
限ったわけではなく，芸能人も同様であろう。さらには大企業の経
営陣に属する者も年収は一般国民とは比較できないほど高額であ
る。それらの人たちはそれだけの仕事をしていると言えばそれま
だが，それほど単純ではない。プロのアスリートの場合は種目に
よって年齢のおおよその上限があり，最盛期がそれほど長いわけで
はない。芸能人の場合は，ごく少数をのぞいては（いわゆる人気に
よって）かなりの浮き沈みがあり，これまたかならずしも長い年月で
あるとは限らない。

　このような差異の例について考えてみると，一般企業での仕事と
収入を考えるというだけでは済まされない問題が多様にあることに

なる。そこで私は、〈生涯収入〉という考え方が多様な仕事と収入との関連で適切ではないかと言いたいのである。仕事によって収入に違いがあることはごく当たり前のことであるが、おおよその上限と最低を決めることである。日本を例にして考えると、まずは一般的なビジネスマンについては（ここではごく少数の重役についてはひとまずは除外しておこう）、日本の現在の〈生涯収入〉で相対的に多いのはおおよそ2億円〜4億円といったところであろうか。これは決して標準ということではなく、考えるための出発点を意味する。すなわち、すでに述べた仕事時間とも結びつけて考えることが要請される。

　いわゆる単純に「平等」をタテマエとしては重視する社会主義とは違う発想なのである。もしどんな仕事をしていても2億円〜4億円の生涯収入だとすれば、いろいろな仕事分野の発展はない（むしろ停滞あるいは後退）であろう。したがって、上で指摘した仕事の多様性やプロのアスリートの年齢の上限（コーチなどの指導者として継続するのはきわめて少数だろう）、芸能人など最盛期の長さ、「一般的な」ビジネスマンとは違った仕事、という条件を考慮して生涯収入を考える必要がある。考慮する必要があるのは、当人の希望や配偶者の必要性などによる「専業主婦」あるいは「専業主夫」の「生涯収入」問題がある。

　このように考えると、かなりきめ細かな「計算」が必要になるが、「生涯収入」ということを基準にするならば、仕事ができなくなった年齢の時期をも考慮して、まずは「生涯収入」の最低線をはっきりさせることである。付け加えると、公的経営体、私的経営体、特殊な私的業種のすべてに適用することが肝要である。さらに付け加えると、身体的・精神的状態によって同じ仕事ができないあるいはほ

とんど仕事ができないようになった場合に、「生涯収入」とどのように
にかかわらせるかという問題もある。例えば、きわめてすぐれたア
スリート、芸術家、芸能人などが、なんらかの理由で若くして同じ
ような仕事ができなくなるというケースなどがある。したがって
「生涯収入」についてはかなりきめ細かな整備が必要になるであろ
う。

▼ 仕事の多様性をめぐって

　上である程度は触れたように、仕事が多様であることはいまさら
言うまでもないことかもしれないであろう。しかし、その多様性を
どのようにみなすかによって、人間生活の押さえ方が違ってくると
考えられる。多様性は仕事の質、仕事時間、生涯収入などすべてが
かかわってくることになる。

　現在もそうであるが、信じられないほどに仕事が多様になってい
る。私が簡単に触れた「混合経済」という新たな状況の下での多様
性についてやや具体的に考えてみよう。公的経営体であれ私的経営
体であれ、規模の大きい経営体および「行政」における仕事は、内
部ではいくつかの部署にほぼ分かれているだろうが、仕事時間と
「生涯収入」は基本的には同じである。しかし、やや小規模の私的経
営体、個人や家族だけでの私的経営体、そして先に若干は触れた多
様性に満ちた特殊な個人の仕事の性格は、場合によってはケースバ
イケースで考えざるを得ないような多様性である。

　小規模な私的経営体としては、飲食店や宿泊業さらにはそれらと
結びついている代理店あるいは紹介店などを挙げることができる
が、仕事時間を大規模な経営体と同じようにするには小規模とは言

えないほどの従業員が必要であろう。また「農漁業経営体」につい
て考えてみると，大規模な経営体と同じようにするのは不可能に近
いであろう。そうすると，それらに従事する人たちは「標準仕事時
間」（後述する）でなくてもかまわないと思う人たちということになる
が，そのような仕事時間に照応するような「生涯収入」になるので
あろうか。個人や家族だけの私的経営体にもほぼ同じようなことが
言えるであろう。

　次には，多様性にみちた特殊な個人の仕事については，仕事に
よって大きく違ってくることになる。ここでは容易に思い浮かぶ仕
事を若干取り上げるだけである。まずはプロのアスリートについて，
いわゆる「現役時代」では種目や力量などによって収入が違うこと
や「現役」を続ける年齢が異なるとともにその後の仕事も異なるの
で，「生涯収入」についてはそのような事情を考慮する必要がある。
同じように考慮する必要があるのは，芸術，芸能に従事する仕事や
いわゆるタレントと言われる仕事についても，「生涯収入」について
どのように考慮するかが問われることになる（具体的には上限と下限
の設定）。さらに付け加えると，農漁業に従事するケースについては，
大規模な経営体に属する場合と小規模な私的経営体の場合とはやは
り異なることになるであろう。

　仕事の多様性をめぐって考慮する必要があるのは，「生涯収入」に
加えて仕事時間の問題がある。特殊な個人の仕事をめぐっては，い
わゆる練習時間や学習・研究時間をどのように考慮するかという問
題がある。そして農漁業などでは大規模な経営体や「行政」におけ
る仕事とは違って，一定の時間単位による仕事というわけにはいか
ないであろう。そしてこれまでほとんど触れなかったが，医療業務，

科学的研究業務，情報関連業務，そして弁護士などの司法関係を仕事とする場合にもまた「標準仕事時間」が適用できないであろう。さらに付け加えるならば（次章ともかかわるが），いわゆる専業主婦・主夫というケースもなおざりにできない仕事であろう。諸個人によっては可能ならばそのような生き方を選ぶ場合があると考えられる。

　以上のような仕事の多様性，「生涯収入」，仕事時間はケースバイケースによって多様な条件を考慮する必要があるのだが，やや詳しく述べるだけでも1冊の本になるであろう。このような問題は移行期に応じてひとつひとつ確定していくことになるが，今後の展開で可能なかぎり触れることになるであろう。将来の仕事をめぐって考えるのに欠かすことができなくなっているロボットについて，次に可能なかぎり考えることにしよう。

2．ロボット

　「仕事」というテーマでなぜロボットを取り上げるか。20世紀末から21世紀初頭にかけて人間生活に直接かかわる科学・技術（私は一般的に多く使われている「科学技術」という表現をしない。「科学」と「技術」は区別される必要があるからだ）は急速という表現では足りないほどその発展が著しい。ロボットでは現在もまだ支配的に多いのが「産業用ロボット」であるとはいえ，とりわけ21世紀に入ってからは，ロボットについての科学・技術が急速な発展をみせており，ロボットを活用する分野がかなり広がってきており，人間生活分野にも直接入り込んできている。この節でやや具体的に考えることになるが，ロボットの発展がAIやナノテクノロジーの分野の発展と結び

ついてもいるようである。これら 3 つ（さらにバイオテクノロジーも加わるかもしれない）について，門外漢の私が学習したかぎりでは，1990 年代には課題であったいろいろな技術問題が，21 世紀に入ってからは急速に解決（前進）に向かっているようである。それらの発展方向についてはいろいろな考え方や性格付けがあるようだが（専門家の間では，その発展が人間生活にとってプラスかマイナスかというような議論がなされている。

　この問題については〈番外編〉で若干補足的に触れるであろう），この節では主にロボットを軸にして仕事をめぐって考えることになるだろう。

▼ ロボットについて

　ロボットとは何かという定義は難しいというか曖昧であるというか，専門家のなかでもかならずしも確定していないようで，いささか面倒なように思われる。「ロボットの定義」などというととたんに難しいと思われるであろうが，ロボットは仕事（遊びも含めて）と不可分な歴史的進展を示しており，100 年後と言わずとも今後はロボット抜きの社会・生活は考えられない段階にきている。21 世紀に入ってからは AI の研究などの急激な発展に応じてロボットもまた急速に発展しており，今後の行方が注目されている。なかでも産業用ロボットの発展と実用化は注目に値するが，それだけではなく人々の日常生活にもその活用が一定程度入り込んでおり，その範囲は広がりそうである。そこでロボットを考える基礎知識としてその発展の歴史を簡単に確認しておこう。

　ロボットの定義はいくつかあるようだが，ここでは，

１．ある程度の自律性をもち，高度で多様な作業ができる動的機械。

　２．人や動物に近い形や機能をもつ動的機械。

　３．これらのうち，多くの人が見てロボットと感じられるもの

（出所　日刊工業新聞社編『トコトンやさしい　ロボットの本』日刊工業新聞社　2015年）を挙げておこう。

　ロボットの歴史は20世紀中頃までさかのぼる。ここでは必要と思われることを示すにすぎない。

1954年　米国のジョージ・デヴォル氏，プレイバック方式の特許取得

1960年　米国・ユニメーション社，プレイバックロボットの実用化

1973年　早稲田大学にてヒューマノイド型（WABOT‐1）を開発
　　　　スウェーデン・アセア社，電動多関節ロボットを開発

1978年　山梨大学・牧野グループ，スカラ型組立ロボットの開発

1980年　日本，本格的な産業用ロボット普及が始まる

1998年　通産省「人間協調・共存型ロボットシステム」研究開発開始

2006年　ロボットビジネス推進協議会設立

2007年　経産省「次世代ロボット知能化技術開発プロジェクト」開始（5年間）

2009年　経産省「生活支援ロボット実用化プロジェクト」開始（5年間）

2013年　経産省「ロボット介護機器開発・導入促進事業」開始（5年間）

出所）日刊工業社編　前掲書より抜粋

　なお，1940年代に，ロボット工学三原則というのがアメリカのSF
作家アイザック・アシモフによって示されるということもあった。
これにたいしてはいろいろな意見があり，絶対的なものとは言えな
いが，思想的な影響もあって，この分野ではおおむね引用されるの
で，示しておこう。

　　第一条　ロボットは人間に危害を加えてはならない。また，その
　　　　　　危険を看過することによって，人間に危害を及ぼしては
　　　　　　ならない。

　　第二条　ロボットは人間にあたえられた命令に服従しなければな
　　　　　　らない。ただし，あたえられた命令が，第一条に反する
　　　　　　場合は，このかぎりではない。

　　第三条　ロボットは，前掲第一条および第二条に反するおそれの
　　　　　　ないかぎり，自己をまもらなければならない。

　非専門の私見では，〈番外編〉で述べるようなAIが発展するなら
ば，全く否定することはなく，将来には一定の補足修正などによっ
て活用できるのではなかろうかと考えているが，果たしてどうであ
ろうか。産業用ロボットから始まったロボットの活用の発展は，21
世紀に入ってからは，AIやナノテクノロジーの実用的発展によっ
て，人間の日常生活へとその活用範囲を拡げているので，次にはや
や具体的に示すことにしよう。

▼ 人間生活とロボット

　人間生活にとってロボットとはいかなる意味があるのだろうか。
創作ではあるが，善玉のさいたるものとしての〈鉄腕アトム〉，悪玉
のさいたるものとしての〈ターミネーター〉を想起するならば，AI

の発展に照応して遠い未来（100年程度ではない）にはそれに近いようなロボットが現れる可能性があるかもしれない。すでに簡単に触れたように，現在のところは，ロボットの発展は人間生活にプラスに作用している。

　産業用ロボットからスタートしてからほぼ半世紀の間に，IoT（Internet of Things いろいろなモノがインターネットにつながることを意味する）も急速に発展しており，人間の日常生活にも一定程度入り込んでいるようである。ところで，ロボットはかならずしも人間のような姿形をしているわけではない。そのようなロボットが今後もおそらく増え続けると考えられるので，ここでは最新とも言えそうな先端技術の活用としてのロボットについて簡単に示すだけである。

　おおむねよく知られている「お掃除ロボット」（例えば〈ルンバ〉を想起すればよいであろう）をまずは挙げることができる。このロボットに内蔵されているのは人工知能とセンサー制御機能であり，外界の障害物を感知・判断して動くのだそうである。初めは触覚だけだったこのロボットが，新しくはレーザーによって視覚（周辺の簡単な地図の認識など）も加わるという進歩があるようである。

　相対的に新しいロボットとしては「ペットロボット」を挙げることができる，このロボットとは家庭用犬型として「AIBO」という名で1999年に誕生し，その後AIの発展に応じてかなり進歩しているようである。私の推察の域を出ないが，「癒やし系」として一定の需要があるようで，今後の方向が注目される。

　人間生活にとって直接有益な介護ロボットをも挙げることができる。これまたAI技術の進展によって可能になったロボットであり，介護支援型，自立支援型，コミュニケーション型があるようである。

介護業界の慢性的な人手不足，ヘルパーの負担軽減など利用度が増
しており，AIのさらなる活用による今後の発展が期待される。

　医療業界には〈ダヴィンチ〉と呼ばれる「医療支援ロボット」が
いろいろと紹介されており，かつ一定の活用がなされている。主と
して腹部手術の活用が多いようであるが，具体的には医師の遠隔操
作によって医師の手の動きと同じ動きをするようである。これにつ
いては知り合いの医師に質問すると，「まだロボットとは言えないと
思う」という返答だったが，「手術などでは医師の指の入らない部所
にも活用できるのがメリットである」のだそうである。

　これまたロボットと言えるかどうかと考えられるものとして，周
知と思われるドローンについても若干触れておこう。ドローンのイ
メージについては説明を必要としないほど知られており，テレビ画
面にもいろいろな（大きさと性能など）ドローンが登場している。〈ダ
ヴィンチ〉と同じように，ロボットなのかどうかは微妙なところで
あろう。ドローンは初めは見通せる範囲で飛んでいたが，Wi-Fi か
ら LED の利用によってより広いエリアで利用できるようになった。
つまり「ロボット化」が進んでいるとも言えそうなのである。

　ロボットは AI などの発展と照応して21世紀に入ってから急速に
発展しており，今後どこまで発展するかはわからない。加えて，い
わゆる IoT（Internet of Things）の発展も著しく，日常生活に広範囲
に活用されており，これまた今後どこまで発展するかわからない状
況にある。上に挙げた具体例は「ロボット化」という表現をしたこ
とによってわかるように，ロボットとは何か，IoT との関連あるい
は違いとは，といった問題を提起していると思われる。このように
考えてみると，100年後にはロボットがどのように変化・発展してい

るか，具体的には想像できないのではないだろうか。とりわけ AI や
ナノテクノロジー（これには触れていないが）の発展によってその方向
が大きく変化すると予想されるので，理論的にはともかく技術的に
は門外漢の思考の範囲を超えるが，急速な発展にともなって，技術
的問題もさることながら社会的問題が問われることになるだろう。

〈番外編〉

　ここで AI をめぐって補足をしておきたい。AI（そしてロボットと
コンピューター）の発展をめぐっては，その発展については賛否両論
があるようである。一言で言えば，人間生活に大きなプラスをもた
らすか，逆に「破滅」をもたらすかということである。

　私の乏しい学習をしたかぎりでは AI の発展には人工汎用知能
AGI（Artificial General Intelligence），そしてさらに高度な人工超知能
ASI（Artificial super Intelligence）という方向があると言われている。
簡単に言うと，AI についてはすでに現在実用化されており，将棋，
囲碁，その他のゲームなどを想起すればよいであろう。私たちが考
える（強く意識する）必要があるのは AGI と ASI である。私の学習し
たかぎりでしか簡単に言えないことをあらかじめことわっておこ
う。

　AI はある分野（将棋とか囲碁とか）に限定されている人工知能であ
るのにたいして，AGI は多様な分野にまたがって適用される人工知
能であり，ASI はさらに高度で専門外の人間にとってはほとんど理
解不可能（SF にでてくるような）な人工知能のようである。専門家の
言によれば，後者まで発展するとロボットは人間の手に負えなくな
る，あるいは人間を支配するところまで進むという「破滅説」があ

る。他方では人間との調和的共存という説もある。ロボットは意思を持つまでにはならないしまた持たせないという考えである。後者については，意思の有無あるいは人間の脳との違いなどをめぐっていろいろと語られている。私たちは後者の方向であることを願うのみかもしれないが，前者の方向に進む可能性がないとは言えない。核兵器を含む多様な「科学・技術」兵器について考えてみると，その基礎科学に従事した科学者や技術者がそのような「悪用」を考えてはいなかったはずである。しかし，「彼らの探究心」にはそのような危険性をはらんでいることは明らかであろう。まとめて言えば，ナノテクノロジーやバイオテクノロジー（これについてはほとんど触れていないが），そして AI，ここで触れたロボットなどの技術的発展とその実用化はとどまるところを知らないようである。したがって私見では，どちらの方向であろうとも，世界の一元管理が望ましく，それが可能な社会を展望することが21世紀の重大な課題であることは確かではないかと思う。

　異論があることを承知で言えば，宇宙開発をめぐって若干は触れているように，自然科学関係や技術畑に従事する人々の多くは社会（世界）が現在と大きくは（根本的に）変化しないという暗黙の前提で研究・開発にたずさわっているようだ。しかし，前章で述べたように，社会が大きく変化すること，いや変えていく必要があることを想定して研究・開発を進めるべきであると思う。もっとも自然科学だけでなく，人文・社会科学においても，ごく少数をのぞいては発想の仕方はほぼ似たようなものである。前章で述べた発想の大事な点は，現在のような資本主義的経済システムを変えること，国家の

あり方をその解消も含めて変えること，社会における重要な分野（宇宙開発，ロボット，AI の技術的発展方向も含まれる）を世界的管理の下に置くこと，そしてそれらを実現するための「民主的人間」の形成・発展ということである（21 世紀初頭の現在におけるこの主体形成などについては（3）でやや具体的に展開予定）。つまり，自然科学者も人文・社会科学者も自分の専門分野だけでなく，可能なかぎり他の分野を念頭に置ける程度の基礎的な学習が必要であるということにほかならない。

　そこで，私の学習したかぎりでの低いレベルの自然科学的・技術的思考の範囲ではあるが，100 年後であっても，ロボットなどの発展が人間生活にプラスをもたらすという前提で考えることにしようと思う。

▼ ロボット環境

　ロボットの発展が人間にとって「共存的」発展というプラスの方向に進むことを前提とするならば，ロボットが人間生活と調和するような新たな環境（とりわけ身近な）の整備が要請されることになる。今後，AI 研究の発展に応じてロボットも発展するであろう。そのような発展に照応するようなロボット環境（専門家はそのように表現）をめぐっては，単にロボットだけでなく「社会環境」として考えることが大事であると考えられる。そこで若干重複するが将来（100 年後とは言わないまでも）予想されるロボットの活動について，さらにやや具体的に示すことにしよう。

　ロボットの活用（活動）は人間生活との関連では，「パーソナル・ロボット」と「ソーシャル・ロボット」に分けられる。「パーソナル・

ロボット」は，「ベルボーイ・ロボット」とも呼ばれているロボット
である。専門家が想定しているパーソナル・ロボットを若干例示す
ると，自動機器操作ロボット，ゴミ収集（掃除）ロボット，情報サー
ビスロボット，ウェイトレスロボット，荷物管理ロボットなど多様
なロボットが活用されることになるとされている。そしてつい最近
の報道では，料理を運ぶ配膳ロボットがはじめて導入されたとのこ
とである（『読売新聞』2021年5月11日夕刊。そしてその直後に私自身が
レストランで体験した）。ソーシャル・ロボットでは，郵便配達，保守
点検，情報収集，交通整理などが挙げられる。

　未来のロボットについては上に例示した以外にも多様に考えられ
ているが，大事なことは人間と共存（人体を損なわない）できるような
技術と環境を整備することである。ここではある専門家の「三原則」
を紹介しておこう。1) 人間はロボットに危害を加えてはならない。
2) 人間はロボットに明らかな命令を与えなければならない。3) 人間
は自らの尊厳を傷つけることのない命令を，ロボットに与えなけれ
ばならない。これはほんの一例にすぎないが，人間と「機械として
のロボット」との共存に必要なものはこれに尽きるわけではない。
共存の仕方については人間社会におけるコンセンサスが不可欠であ
り，また多様なロボットは個人的な所有であってはならないと考え
られる。

　ロボットという「機械」活用については，これまでの人間が単純
に操作する機器とは違って社会的（世界的）な管理が要請されるであ
ろう。そうであるとするならば，「ロボット環境」はこれまでの社会
のあり方をも大きく変えることが要請されることになる。付け加え
ると，科学・技術の日進月歩の発展に照応するように，ロボットだ

けでなく，医学やナノテクノロジー，AI，宇宙にかかわる科学・技術など，世界的な共同開発と世界管理がますます要請されることになるであろう。先に触れた「破滅説」を避けるためにも企画・管理のあり方が問われることになる。

３．自　　然

▼ 自然的存在としての人間

　さて仕事（だけではないが）との関連で確認する必要があるのは，これまでの人文・社会科学的思惟における人間論ではかならずしも十分にあるいは基本的に取り上げられていないきらいのある人間の「自然的存在」という面にも目を向けることが必要である。

　人間存在あるいは人間の特質をめぐっては，おおむね哲学的分野の見解が多いようであるが，たくさんの人間論があり，その紹介とコメントだけでも1冊の本になるであろう。私はある程度の人間論に接してはいるが，おおむね賛成できる見解はあまり多くはない。例えば，よく知られている「人間は考える葦である」（パスカル）とか，「人間は道具をつくる存在である」（アリストテレス）とかという見解などがあり，それらの考えが間違っているとまでは言わないが，私にはいささか部分的（一面的）ではないかと思われる。人間についてのそのような考えをいささかも否定しないが，私自身はデカルトの「我思う。故に我あり」には賛成できず，〈我行う。故に我あり〉と考えている。異論があることを承知で言えば，思うだけでは不十分なのであって，それをいかに行うか（道具をつくることも当然含まれる）が重要なのではないだろうか（背後に反デカルト主義という私の哲

学的思惟がある）。したがって，「行う」主体的存在について考えることが大事である。

　さて私自身は，人間存在をもっとも基本的には3つの存在として措定している。自然的存在としての人間について考える意味で，簡単に示しておこう。1）生産活動の主体としての人間存在。人間は日々生きて活動しているが，その場合には意識的であろうと，非意識的であろうと，生活資料，自分自身も含めた人間，そして人間関係を生産している存在であることを意味する。そしてそれらの生産は決してひとりではしていないということから，次の存在として，すなわち2）協同活動としての人間存在。人間はこれまた意識的あるいは非意識的にそのような活動をしている存在である。この2つについては，表現はともかくとして，これまでもかなり一定の識者が言及しているが，項題にあるような自然的存在は人文・社会科学ではかならずしも十分には言及されていないのではないかと思う。私は先の2つの存在と同等に重要な存在として位置づけることが大事だと考える。したがって，3）自然的存在についても，人間存在としてきちんと位置づけて性格づけるべきだと思う。動物から進化した人間を自然的な存在という面からみると，動物と同じ面と異なる面を指摘することができる。ロボットやその他の科学・技術の急速な発展に応じて，この面の人間存在をきちんと性格づけることが必要なのである。

　動物と同じ面は主として身体的・生理的な面と欲求充足の面であり（ただし欲求充足の面では動物と異なる面もある），これについてはそれぞれが自らのそのような面を想起すればよいので，特に多くを語る必要はないと思われる。他方，動物とは異なる面については多様

に語られているが，大事なことは単に異なる面を挙げたり説明したりするだけでなく，動物と同じ面との関連でどのようにみるかということである。心的・精神的な面で異なることを具体的に指摘するならば，結果をあらかじめ念頭において活動するという目的意識性，そのこととの関連でいわゆる「社会化」と主体性とを結びつけて自分の活動をコントロールして活動の仕方を発展させることである。そのことが動物と同じ面でもある自然的存在としての形成・維持・発展に結びつくのである。例えば，労働技能や仕事（家事，子育てなど）の仕方の発展（＝熟練）ということを考えてみれば容易にうなずけるであろう。動物と同じ面と異なる面を並列に示したが，この2つの面の形成・維持・発展が不可分に結びついていることを確認することが大事である。私は非専門なので常識に近い当たり前のことしか言えないが，健全な身体と健全な精神は不可分だということにほかならない。このことは病気になったり怪我をしたことを想起すればよいが，これについては非専門のレベルではあるが，次の項でやや具体的に考えてみることにしよう。

▼ 心身の形成・維持・発展について
　やや随想めいた書き方になるが，自然的存在としての人間についてもう少し具体的に考えてみるならば，多くの人の普段の生活からごく当たり前に思い浮かぶのではないかと思う。「健全な身体には健全な精神が宿る」という使い古された言葉かもしれないが，現在そして未来では，このような言葉を生活において具体的に復活させる必要があるのではないだろうか。健全（＝健康）であるという自然的存在としての諸個人の身体的条件なくしては人間としての形成・維

持・発展はきわめて難しいだけでなく，場合によっては精神的・心的存在としての人間を破壊する（死にいたらしめる）かもしれないのである。

　基本的にはこのように考えられる自然的存在としての人間が損なわれる例を，私たちは容易に思い浮かべることができるであろう。日本に多くなっている過労死はそのさいたるものである。先の基本的考え方に従うならば，社会的必要時間が他の必要時間にくらべて極端に多いことによって，自然的存在の面が破壊されるということにほかならない。自然的存在（という表現ではないが）としての人間生活については，日本では最近ようやく問題視されるようになってきている。容易に思い浮かぶ例としては，高校野球の投手の極端な身体的負担を軽減させる措置を挙げることができる。

　自然的存在面での形成が減退している，あるいは損なわれていることは子どもの体力や運動能力の減退というかたちで（統計的に）時々は指摘されている。現在の子どもの生活について考えてみると，この面での形成がおろそかになっている。戸外で身体を使って遊ぶことが少なくなっており，しかもその機会・条件も著しく乏しくなっている。1950年頃までは子どもが戸外で遊ぶことはごく普通の日常生活であった。都会では空き地や公園や道路上で，農村では取り入れの終わった田んぼなどが戸外での遊び場だった。そのような遊び場が乏しくなったことはあらためて指摘するまでもないであろう。しかし，現在はどうであろうか。公園で遊ぶのにもいろいろ制約がある（制約する理由があることを否定はしない）。道路で遊ぶことは車社会ではほとんど不可能である。田んぼについては私にはこんな体験がある。1980年代のあるお正月に息子と近くの広い田んぼで

凧揚げをしていた。電線がないのはそのような場所だけである。しばらくすると田んぼの持ち主から「そこへは入らないでくれ」と言われた。さてどこで凧揚げをしたらよいのであろうか。いろいろ理由があるだろうが，子どもが田んぼで飛び回って遊ぶ機会がほとんどなくなったようである。このことは自然との関係が希薄になったことをも意味している。

　子どもの自然的存在としての面をどのように形成していくかが根本から問われていると思われる。次の項でやや詳しく触れるが，学校教育の科目に体育が入っているのは，近代日本における富国強兵政策の一環としての「強兵」を育むことにあった。現代日本になってからは，そのような「思想」がなくなったが，逆に体育に教育科目としてどのような意味があるかについては，合意できる定見がなくなっているようである。私は，自然的存在としての人間の健全な形成を基本にすべきではないかと考えている。そしてある程度は「遊び」の性格をも取り入れる方がよいであろう。すべてではないだろうが，最近の子どもの遊びと言えば，戸内でのテレビゲーム，そして戸外ではいわゆる遊園地などの人工的施設に依拠する「遊び」などが相対的に多いようである。そのような遊びをしない子どもはもっぱら塾通いなど受験向けの勉強がこれまた多いようである。これでは健全な身体が形成されるかどうかはなはだ疑問に思われる。心身の健康を一体として形成する広い意味での教育が求められるのではないだろうか。

▼ 教育はやはり重要

　自然的存在としての人間の形成・維持・発展について考えてみる

と，具体的には心身ともに健康な人間としてのそれであることになる。異論があることを承知で言えば，前の項でも簡単に触れたように，現代社会での生活活動ではこのことにかならずしも留意されていないように思われる。あらためて思い起こしてみるならば，留意されていないと思われる現実とその問題性を容易に指摘することができるし，ある意味ではわかりきったことかもしれない。ここでは「形成」がなければあるいはきわめて不十分であるならば「維持・発展」へもたやすくは結びつかないという意味で，いささか体験的で科学的でないかもしれないが，子どもの成長とそのための広い意味での日本の教育を例としてやや具体的に考えてみることにしよう。

　ごく当たり前のことではあるが，教育学等の専門家はいろいろなかたちで子どもの教育の問題性を指摘しており，私はそれ以上のことを言えないかもしれない。考えてみると，どちらかと言えば学校教育に限定されているきらいがあるのではないだろうか。しかし，教育については学校教育に限定されないことはごく当たり前のことであろう。教育的活動は子どもたちが接するあらゆる人間関係にかかわっているはずである。生後間もないときから成人にいたるまで両親やその他の大人たちがかかわっている。

　最近の子どもが何歳頃からテレビゲームなどをはじめるかはっきりは言えないが，戸外での遊びよりは屋内でのそのようなゲームの過ごし方が多いと思われる。このことを別の面から言えば，親がそのような過ごし方を許容している（あるいは多忙で許容せざる得ない）ことにほかならない。そのような過ごし方がその後の過ごし方に反映されることはほぼ確かであろう。つまり教育は人間が産まれた時から始まるということにほかならない。したがって，大人が子ども

にかかわる関係として，家族，地域，そして各級の教育機関が自然的存在としての人間の形成にとってもきわめて大事だということになる。

　テレビゲームにかぎらず，子どもが成人になるまでの生活活動では戸外で身体を使って遊ぶことだけでなく戸外での生活そのものが少なくなっている。したがって，戸外で何らかの「運動」そのものが少なくなっていることになる。家族だけでなく地域にたいしても子どもへの教育的かかわりについて，なにか問題があるといろいろと論じられている。その場合，子どもの身体的発達についてどれだけ語られているであろうか。成人になるまでの多様な教育については，身体的発達も含めて総合的に考えかつ実行することが大事であろう。先に簡単に触れたが，戸外での自由な遊び場が乏しくなっていることにどのように対応するかは，家族だけでは難しいであろう。そうすれば，地域やさらに広い範囲での対応，アミューズメント施設におけるような与えられた遊び，多額の費用を要する遊び場ではなくて，自由に気軽に遊べる場を多くすることが必要であろう。そうすれば，年齢の異なる子ども同士の新たな関係の形成にも資するのではないだろうか。

▼ 環　　境

　ほとんど周知のことであるが，20世紀末から21世紀にかけて地球環境問題が世界的に問題視されるようになっている。とりわけCO_2の問題をめぐっては世界的な協議がしばしば行われるようになり，CO_2の具体的な削減目標が各国から示されるようになってきている。そしてこれにかぎらず，地球環境問題が多様に論じられるよう

になっている。具体的に実行するかどうかはともかくとして，地球
環境問題の進行とその対応の必要性については，今やほとんどの人
に否定できない事実とみなされているであろう。ここでは地球環境
問題やそれへの対応について語るものではない。ある意味ではほと
んど言い尽くされているとも言えるであろう。私が言いたいのは，
自然を軸に考えるということ，しかもその場合，人間もまた自然の
一部分だということである。

　歴史をかえりみるならば，狩猟・牧畜・農耕が主たる時代までは，
人間たちによる自然の変更が多少あったとしても自然に適応し自然
を尊重して生活活動をしていた。いろいろな自然信仰（崇拝）の存在
がそのことを物語っている。しかし，科学・技術の驚異的発展と工
業における生産力のこれまた驚異的発展によって，日常生活も含め
て自然から次第に遠ざかっていくのが人間生活の歴史的進展である
とも考えられる。ある意味では生活全体が便利になった，つまり広
い意味での生活環境が「便利さ」を軸とするようになってきたとは
言えるであろう。しかし，その便利さによって，例えば自動車の普
及であまり歩かない生活が多くなり（買い物なども店のすぐ側で駐車
することなど），人は身体をあまり使わなくなってきているのではな
いかと思う。だからかもしれないが，ジョギングの勧めやいろいろ
な器具を使っての身体的トレーニング，さらにはいろいろな健康剤
などが喧伝されている。異論を承知で言えば，そうせざるを得ない
人工的環境なのか，あるいは子どもの時から戸外で身体をあまり動
かさない生活しかできないような状況（これには家族からはじまって
生活全般が含まれる）なのか，もしかしたら人間が自然的存在である
ことが忘れられているのかもしれない。ある年齢になってから，自

然的存在としての人間の維持・発展のために，身体を動かすという対応をはじめるのでは遅すぎるのではないだろうか。

　この節では自然的存在としての人間という見方を軸にして，そのような考えの基本およびそれが喪失傾向にあることをやや具体的に指摘した。そしてとりわけ広い意味での教育の重要性に言及したが，21世紀初頭ではほとんど実行不可能であろう。いろいろな格差と相違などによって，自然的存在としての人間の形成・維持・発展とはかかわりのない諸条件にとりこまれているのが，現在の人間の姿ではないだろうか。

　したがって，100年後の世界では，自然的存在としての人間の形成・維持・発展に資するような諸条件の総合的な整備がなされている世界ということになる。そのような社会的・自然的条件の形成は部分的な地域だけの実行では不可能であることは言うまでもない。

4．どれだけ仕事をするか

▼ 基本的な考え方

　仕事を軸にして人々がどのように過ごすかという意味で，次章にも適用される基本的な考え方をまずは確認することにしよう。ここでもむろん発想の転換がなされている。人々の生活のトータルな見方として，生活時間を労働，休養，余暇に分けて見るというのがこれまでのごく一般的な見方である（余暇を自由時間とすることもある）が，社会的必要時間については先にやや具体的に触れたように，私は，発想の転換によって，表現も含めて生理的必要時間，社会的必

要時間，精神的必要時間に分けて見ることをあらためて表明しよう。これは生活時間を考えるにあたってのもっとも基本的な考え（＝概念）なのでその意味をきちんと確認しておこうと思う。

　生理的必要時間は睡眠などの休養時間，朝の洗顔・食事・入浴，その他，個人によって具体的に必要とされる時間の配分は若干は異なることになるであろう。これについては人々が日々体験していることなのでほとんど説明をしないが，すべて必要時間であることを確認することが大事である。次に社会的必要時間については，その内容および時間の量は多様である。これについてはいわゆる職業としていろいろな産業分野に従事することだけではなく，家事・子育てそして職業ではない看護・介護も含まれる。それらが社会的に必要な活動であることをきちんと確認する必要がある。なお，いわゆるボランティア活動については別途考える必要があると思われる。

　精神的必要時間は一般には余暇時間とか自由時間と思われている時間である。その表現でもわかるように「余った暇な時間」あるいは「自由に使える時間」とおおむね考えられている。私はそのような発想を変えることを主張したいのである。つまり「余った時間」ではなくて人間生活にとっては必要な時間だということにほかならない。だから，仕事やその他の生活とのかかわりで「標準生活時間」という考え方を導入する必要があるのではないかと思う。すでに「生涯収入」という考え方，そして仕事の多様性によって実際には異なることを，簡単に示した。精神的必要時間についてもほぼ同じように考えて生活時間全体のなかに位置づけることが必要である。

　標準的な仕事時間についてはすでに述べた。生理的必要時間については睡眠時間やその他の時間には若干の違いがあるだろうが，特

に考える必要はないであろう。精神的必要時間については，自然的存在としての人間という先の確認にしたがって，まずはこの面での基本的な考え方の確認が必要である。仕事時間の大幅な減少によって精神的必要時間にあてられる時間は大幅に増えることになる。この時間の使い方は具体的には多様であり，「標準」の設定は1つの目安として必要ではあろうが，自由に過ごす時間については自然的存在を考慮した過ごし方を一種の指針として確認することが大事であろう。程度の差はあるであろうが，身体を使う過ごし方の確認である。これまた生活条件によって多様なので，固定的に考える必要はないが，精神的および身体的に健全であることを考慮した生活時間の配分という基本の確認が大事である。私は非専門なので具体的にどれだけ必要であるかは明言できないが，精神的必要時間の過ごし方については，専門家の見解や具体的な健康調査などによって，基本的なあり方を年月をかけてはっきりさせていくことが大事である。

▼ 生活時間の具体的展開

　すでに一種の「標準生活時間」や「標準生涯収入」を1つの参考として示したが，それだけでは具体的なイメージがなかなか湧かないであろう。多様性に充ちた仕事をめぐってはさらに「生涯生活時間」という発想をも取り入れる必要がある。先に専門家の見解や調査などによってあり方をはっきりさせる必要性に触れたが，仮に「科学的に」そのような確認ができたとしても，これまたすでに触れているように仕事やその他の理由によって生活時間は多様である。したがって仮に一種の指針をつくるにしても，人によっては指針通りには生活しないであろうと考えられる。

　いわゆる公的経営体や大きな私的経営体での仕事に従事する場合には，おおむね「標準生活時間」(仕事の時間) が適用されるので，指針は一定の有効性をもつかもしれない。しかし人の生き方が一様でないことは当然であろう。私は何年か前に『キャリアの羅針盤』(学文社 2011年) という一種の生き方論を書いたことがある。あまり売れなかったが，多数出版されているいわゆる生き方論とは1つだけ違うところがある。これについてはここで多くを語らないが，生き方は生きている年代によって当然違うこと，そしてその人の職業など社会的位置によって違うことという生き方の多様性による語り方である。そしてその積み重ねが「人生」であるということである。この考えは今でも変わっておらず，100年後の生活時間のあり方の多様性にも多分適用できると考えている。

　高齢による定年後 (70歳前後に設定されることはおそらく変わらないであろう) の生活時間のあり方は，何らかの仕事をすることも含めて全く自由である。いささか暴論と思われるかもしれないが，その年齢 (一応は後期高齢期を想定している) ではあらためて生き方論などは必要ではないというのが私の考えである。余計なことかもしれないが，最近では高齢期の「老後」をいかに過ごすかという出版物が増えているようである。それぞれの著者の述べていることは，多分それなりに正しいのであろう。しかし，高齢者はなるほどとは受け止めてもほとんど実行できないのではないだろうか。なにしろ産まれてからの長年にわたる生活体験と生活感覚 (これはほとんど意識されていないだろう) に生活習慣のようなものが身についており，生活条件も一様ではないからである。大抵の人はそのような生き方を簡単に変えることができるはずがないと思われる。

仕事の多様性については〈第6章〉の生き甲斐と密接に結びついているのだが，生活時間のあり方も同じように生き方と結びついている。生活時間は主たる仕事によって諸個人にはいろいろと違いがある。いわゆる「標準生活時間」によって定年までは「標準」に照応するような生活条件であるならば，精神的必要時間の具体的過ごし方は自由である。しかし，そうでない仕事に従事している場合には，「標準生活時間」はほぼ適用できないことは自明であると思われる。すでに簡単に触れているように，プロのアスリート，芸術関係，芸能関係，その他を容易に想起できるはずである。これまたすでに触れているように，専業主婦・主夫などもそうであろう。したがって，多様性にみちた生涯収入と生活時間との関連をもきちんと整理する課題をかかえている。以下では課題提起の域を出ないかもしれないが，仕事をめぐっての多様性と自由について考えてみたい。

▼ 再び仕事の多様性をめぐって

　「混合経済システム」の下で仕事の多様性についてはすでに若干指摘したが，ここでは上の生活時間と生涯収入をめぐってやや繰り返しにもなるが，若干具体的に述べようと思う。すでに述べているように，「生涯収入」という考え方の展開は，私自身は全く新しい思考であると考えており，とりわけこの2つをセットにして考えることが大事であることを確認したい。

　先に経済システムで述べたことと重複するが，それぞれの経営体や個人営業などの多様性についてやや踏み込んで考えることにしよう。公的経営体およびやや規模の大きい私的経営体では，組織としてのライン（上下関係）があることは当然であろう。したがって，経

営体内ではラインのあり方に応じた仕事の分担がなされるのは当然であるが，単線的な上意下達という現在のようなあり方とは異なることになる。ラインという組織であっても民主的運営のあり方が問われることになる。すぐ後で触れるように，1つの仕事を幾人かで分担するというあり方は，ラインそれぞれの位層によっても同じである。だから単純な上意下達ではないあり方がより一層大事である。

　先に仕事時間については1つの仕事を幾人かで分担することによって週に十数時間の仕事時間がある種の「標準」になると述べたが，ライン上の位置（役職）によって仕事の質が異なるので，すべての位置で同じというわけにはいかないであろう。したがってこの場合には，同じ経営体で仕事に従事するという設定のもとに，ある種の「生涯仕事時間」というものを1つの目安として措定してはどうであろうか。経営体という職場を変わる場合には，そのようなある種の「生涯仕事時間」を考慮して，新たな経営体における仕事時間を設定することになるであろう。

　いささか複雑なのは，そのような経営体を職場としない場合である。すでに触れているように，プロのアスリート，芸術・芸能関係，小規模な農林水産業従事者，その他，これらの仕事の場合，上に触れたような「標準仕事時間」を適用できない期間がケースバイケースによって多様であると考えられる。またその仕事分野での「能力差」もかなり大きいことが想定される。したがってそれぞれの仕事の性格に応じるような生涯仕事時間とそれに応じるような生涯収入を措定する必要がある。しかもアスリートは種目による違いがあり，芸術・芸能などはかなり細かい分野に分かれている。そこで，それぞれをどのように措定するかについて，若干の例で考え方を示すこ

とにしたいし，またそれ以上に示すことはできないであろう。

　わかりやすい例として日本のプロ野球を取り上げよう。現在は選手がそれぞれの所属する球団の査定によって契約・契約更改がなされている。したがって，各球団の査定による年収にはかなりの違いがある。その違いは球団の財政事情によると思われるが，そのような個別のあり方とは全く違った考え方が導入される。私は，日本の大相撲のあり方がモデルとまでは言わないが，考え方の1つの参考になるのではないかと思う。大相撲の力士はすべて日本相撲協会に所属しており，各部屋もそこから独立した単位ではない。いわゆる給金直しとか懸賞金という大相撲独特のあり方を除外して考えてみると，それぞれの給与はいわゆる番付の位置―横綱，大関，関脇，小結，前頭，十両，さらに下位など―によってほぼ決まっており，力士がどの部屋に属するかは関係がない。これを参考にしてプロ野球について考えてみると，それぞれの球団に所属する選手たちは「プロ野球経営体」とでも言うべき組織の下にあり，年収などの処遇はこの組織の「統括団」によって決められる。その場合，目安としてのある種のランクづけと前年度の成績が基準になるが，生涯収入も考慮されており，上限と下限も定められていることになる。その他の団体競技（例えばサッカーなど）についても，基本的には同じような考え方が適用されることになる。

　個人競技の場合をどのように考えたらよいのであろうか。考え方はほぼ同じであり，スポーツ経営体のようなものが組織されており，これまた似たような考え方が適用されることになるが，異種競技の性格に応じて多様なあり方が探られるであろう。次に，芸術・芸能やいわゆる「タレント」などについても，その性格に応じた分野別

の個別経営体が作られ，これまたその性格に応じたあり方が探られ
ることになる。どのような場合であれ，生涯仕事時間と生涯収入（こ
れには上限と下限がある）が考慮されることになるであろう。なお，練
習時間・稽古時間・研究時間などの問題が残っているが，それぞれ
の分野の性格と実情を考慮した査定がなされることになる。

〈番外編〉
　この章の補足として主に「仕事と自由」について，これまでに触
れなかったことなども含めて述べておこうと思う。多様性に充ちた
仕事について全面的に述べるならば，それだけで1冊の本が要るで
あろう。ここでは大事だと思われることをやや具体的に若干の追加
をするにすぎない。仕事の自由な選択についてすでに触れているが，
人間が協同的（＝社会的）存在などであることより，無条件の自由で
はないことに簡単に触れておこうと思う。残された問題はむろんあ
るであろうが，それらについては後の章あるいは本書全体で若干は
触れられることになるであろう。
　現在であろうと100年後であろうと，人間は様々な諸条件の下で
生きている。上で指摘した協同的存在であることによる条件がかな
り大きな位置を占めているが，これまたすでに触れたように，主体
的活動であることと自然的存在であることもセットになって人々の
生きる条件をかたちづくっている。仕事と自由をめぐっては，仕事
の選択の自由が基本になるが，成人になってからも仕事をしないと
いう自由は含まれない。仕事の選択の自由については，成人に達し
た時にどのような仕事を選ぶかという問題だけでなく，従事する仕
事（あるいは職場）を自らの意志で変えるという問題と，身体的・精

神的状態によって変えざるを得ないという異なる性格の問題がある。

　生涯にわたって（ほぼ65歳〜70歳頃まで）同じ仕事をする場合には，これまでにすでに述べたような生涯仕事時間と生涯収入（いずれも上限と下限がある）がほぼ適用されることになるが，成人に達したのちにどこかで最初の仕事を変える場合にどうなるかという問題が残る。仕事の選択の自由にはそのようなケースが一定程度あることが当然予測されるであろう。しかも仕事を変える場合には，当人の意志によって変える—すでに例示的に触れたように，現在でもいわゆるビジネスマンから農業などに変えるようないわゆる「脱サラなど」—というケースは当然自由であるが，もう１つはスポーツ，芸能，様々な「自由業」などの仕事に従事している場合である。スポーツの場合には種目によって年齢の上限は多様であるが，個人差もあることを指摘することができる。この場合には現役を退いた後の仕事が問われることになる。なんらかのかたちでスポーツ界に残って仕事をするか異種の仕事に従事するかという選択問題である。芸能とりわけいわゆるタレントと言われている人たちの場合は，スポーツとはいささか事情が異なる。時々はマスメディアで報じられることがあるが，ある「芸人」が突如ブレークすることによって，短期間に「億」という収入を得るようになることがある。ただしどれだけ継続するかはわからない。事情はともかくとして浮き沈みの激しいケース，安定しているケース，その他多様であろう。この場合には同じ仕事を続けるかどうかが問われる。もう１つだけ付け加えると，作家（小説家）や漫画家（劇画）などについてもやや似たような事情を指摘することができる。なんらかのきっかけでベストセラーの出版

になった場合，その後安定した仕事が続くかそれとも出版の行方が
安定していないかということである。

　その他個人で仕事をしている多様な自由業も上に触れた仕事と似
たような問題を抱えているはずである。したがって，ここでは具体
的に触れなかった仕事について，異なる仕事をまとめるような分野
別に，生涯仕事時間と生涯収入との関連でどのように調整していく
かが大きな課題として残っている。

第5章　人々の日常生活

イントロダクション

　「ユートピア」の一段階では，以上のような自然的条件と社会的条件の下で人々の生活が多様に営まれることになる。人間が人間であるかぎりは，現在と著しく違った生活分野があるわけではない。そこでこの章では人々の日常生活（非日常性もむろん含まれる）を描くことにしよう。日常生活としては，家族，地域，教育機関，仕事場，その他（主に精神的必要時間の活用）について示せばよいであろう。前の4つはほとんどの人に共通していることが多いが，その他の過ごし方はきわめて多様であると考えられるのである。ただし，精神的必要時間の過ごし方についてはここでは「自由時間」というわかりやすい表現でやや具体的に考えてみようと思う。

　ここでこのような生活分野について具体的に述べるのは，これらの生活分野が日常生活としてわかりきったことではなく，きちんと受け止めて実行しないかぎりは，これまでの章で述べたような民主主義に基礎付けられた人間形成・維持・発展が現実化しないと思われるからであり，そして世界，部分世界であるゾーン，エリア，各地区の民主的あり方もまた維持・発展しないと考えられる。別の表現で言えば，民主的人間像なしには社会生活は発展しないというのが私の基本的な考え方である。ただし，そのような考えを日常生活で常に意識せよということではない。やや余計なことを付け加えよう。すでに述べたように，理論的には生活資料の生産活動，人間の生産活動，そしてそのような生産活動と重なって関係の生産，欲求

の産出がなされているのが人間の生活であるが，多くの人々は常に意識してそのような生産活動としての生活を営んでいるわけではない。主観的にはどうであれ，客観的には日常生活とはそのような生産活動にほかならないのである。だから，そのような営みが良好であれば，当該社会も諸個人も発展することになるであろう（いわゆる幸せ感もそのような生活の営みに照応していると考えられる）。

　しかし，良好な営みは諸個人にとっては一様ではない（欲求が一様ではなくその人間の多様な状況いかんによると考えられるのではないかということに照応）ので，この章では多様性を整理する性格になるであろう。これまで再三確認しているが，この章でも民主主義，具体的には民主的人間・民主的人間関係の形成・維持・発展という考えが基本に据えられている。ここで私の言う民主主義について再確認すると，自由・平等・友愛がセットになったものであり，どれかが突出しないことである。民主主義の現実は日本だけでなく世界的にも「自由」に傾斜しており，このことが民主主義の前進を遅々たるものにしている。考えてみると，現在の日本社会では以下に示すような生活分野でどれだけ民主主義が根付いているかははなはだ疑わしい。私の世代の前後の年齢の人は，学校生活では民主主義教育を受けたはずであるが，民主的人間はきわめて少ないようである。以前，私は書いたことがあるが，学校教育だけでは民主主義はかならずしも根付かないのである。この章で取り上げる家族や地域などの身近な日常生活に民主主義が乏しいと，学校教育でどれだけ民主主義教育をしても，他の日常生活分野としての家族，地域，職場などの作用いかんによって十分に根付くかどうかということである。

　このような意味で，多くの人々が日常生活としてかかわっている

（かかわり方はいろいろあるだろう）家族，地域，教育機関，職場のあり方とりわけ人間関係のあり方が，人間形成にとっては決定的な位置を占めることになる。したがって，人々のなにげない日常生活の諸活動は，この社会（世界）を好ましい方向に進める民主的人間（および関係）といった主体的活動の基本となるものとして性格づけられる。

1. 家　　　族

▼ 家族についての基本的な考え方

　ある意味では周知であり（専門家にとっては），一般的には普段は意識されていないが，意識も含めて家族はきわめて多様な存在である。家族についてきちんと語るには1冊の本が必要であり，事実，私自身も複数の本を刊行している。ここでは家族とは何かということ（やや面倒な定義だが），自由な家族形成としての家族構成の多様性の2つに絞って述べ，その他の家族生活について若干つけ加えることにしようと思う。

　まずいささか面倒（あるいは難しい）かもしれないが，私自身の家族の定義を参考としてあげることから始めよう（家族の定義は論者によって多様である）。

　「家族とは，血縁または婚姻などのエロス的契機と生活の共存によって結ばれ，その結びつきが社会的に承認されている人々によって構成され，客観的には社会の必要性にたいして主観的には構成員の必要性に応じて，生産主体としての人間の生産にかかわる人間的諸活動が意識的かつ無意識的に行われる人間生活の日常的単位で

あって，程度の差はあれエロス的関係という意識がそこでの人間関係を特徴づけている」

　難しい文になっており，耳慣れない言葉が使われているので，少しばかり説明を加えておこう。具体的には以下の項で示すことになるが，基本は３つある。１つはエロス的契機によって結ばれている共同生活であること，２つには人間の形成・維持・発展が目指されること，３つには当然エロス的関係があることである。エロス的関係とは他人行儀でない関係を意味する。つまり，家族員だけの家の中では下着だけ，パジャマだけでうろうろすることを想起すればよいであろう。

　家族とは一応はそんなものと受け止めればよいが，さらに大事なこととして，いわゆる夫婦家族（核家族とも言われている）を大前提としないことを強調したい。家族とは何かあるいは家族はどうあるべきかということをめぐっては多くの見解があるが，大方が認めるような定説はないようである。したがって，ここでは私見によって展開することになる。家族の定義についてはやや面倒な定義を上に示した。そして，私は家族構成については次のような見解を公表している。自由な家族形成が基本であり，家族を形成しないということも「自由に」含まれる。私は1994年に自由な家族形成として，いわゆる夫婦家族以外には，次のような家族の可能な家族形成を「家庭」という表現で提示している。

　ａ．性関係をともなう同性家庭

　ｂ．性関係をともなわない同性家庭

　ｃ．婚姻・血縁のみでない多世代家庭

　ｄ．非血縁のみの家庭

　　e．血縁のみの家庭

　　f．複合家庭

（飯田哲也『家族と家庭』学文社 1994年 96ページ）

　考えられ得る限りの（そして実際に存在する）「家族」を挙げたが，これだけでなくさらに異なる家族構成があり得るかもしれないが，あり得る家族構成については「自由な家族形成」に注目すればよいであろう。若干付け加えると，一人住まいであっても広い意味での家族と言えないこともない。子育て（出産も含む）を除いては家族機能をほぼ備えているからである。ここではｅだけを例示すると，母子だけ，父子だけ，あるいは祖父母と孫といった家族もむろんあり得るであろう。さらにはかつてのナヤールの姉妹世帯共同体をも挙げることができる。そして，同居，別居，その他（私は勝手に分婚とネーミングしているが，部分的に別居するという夫婦のあり方の1つ）多様なあり方が考えられるであろう。「自由な家族形成」とはそのような広い意味であることを確認しよう。現在の世界では同性婚が若干認められている程度であり，日本では夫婦別姓さえも認められてはいない。私が「家族」と「家庭」という異なる表現をしたのは，その賛否はともかくとして，当該社会で承認されているのが「家族」であり，未承認の「家庭」はやがては「家族」として社会的（法的そして意識面でも）に承認されるべきだという考えによるものであり，私の主張を一言でいえば，100年後には，当事者たちが家族と思えば家族であるということにほかならない。

▼ 家族をつくること

　家族について具体的に考えるには，前項の家族構成に加えて家族

125

関係について確認することが大事である。どのような家族構成であろうとも，ほぼ同居して共同生活を営むのが家族生活なので，構成員間に何らかの関係（家族関係）があることは当たり前のことであり，家族をつくるとは家族関係をともなうことになる。この家族関係は，先に私の定義で示した「エロス的関係」が軸になることは言うまでもないが，とりわけ確認する必要があるのは，いかなる家族であろうとも家族構成員の間では民主的関係が基底にあるということである。それは成人同士は言うに及ばず，成人と未成年者の間でも同様であり，具体的には〈指導─被指導〉関係があってもそうである。

どのようなかたちであれ，一応は広い意味での「婚姻」によって新しい家族が形成されることはごく当たり前のことであるが，一言で言えば，「エロス的関係」のある複数の人間が共同生活を始めることが家族をつくることである。当然付随するのは次に示す家族機能があることとそれに応じた役割分担が生じることになる。

夫婦家族あるいは多世代家族が大多数を占めていた時代，そして夫婦家族が軸となる家族が多い時代（これは主として近代）では，家族機能とその役割分担はほぼ固定的に決まっており，家族関係もほぼそれに照応していた。これについては簡単に思い浮かべることができるので，簡単に確認しておこう。その是非は問わない。

これは原始時代の，男は狩猟で女は子育てという名残とそのような男女の分業そしてそれを継続させる私有財産制が軸になっているという社会のあり方によって，男は外，女は内という「分業」が続いているだけでなく，意識的条件もおおむねそうであった。それは生産力の未発展と近代の産業のあり方などによって歴史的に形成され，長い間継続していたが，21 世紀に入ってからはそのような「分

業」が少しずつ崩れるようになってきている。スローガンとしては「男女共同参画社会」などと言われているが，別の表現を使えば，両性の不平等（＝女性差別）が継続しているからそのようなスローガンが掲げられると言えよう。そしてそのような問題にめぐっては「ジェンダー論」を軸にした論議が盛んにかわされている。

　私はそのようなスローガンやジェンダー論などに異議を唱えるつもりはないが，その道の専門家や関係者はともかくとして，一般人にはわかりにくいだけでなく，「専門家」の中にも必ずしも正しく理解されていないあるいは使われていない例に時々はぶつかるのである。だから私はフェミニズム論争とかジェンダーについては論じたことがない。私見では，そんな難しいことを言わないで，民主主義の徹底でよいのではないかと思う。私の言う位層の4層構成におけるそれぞれの位層で，民主的関係があり民主的活動がなされていればよいのではないか。そして家族関係はその基底にあるのではないかと思う。つまり日常生活そのものである家族生活での民主主義がより上位の位層の民主主義を支え形成・発展させることにほかならない。次の項での家族機能も家族関係もそのような考えにもとづくものである。22世紀の家族の姿は，民主主義的関係の一語に尽きるであろう。付け加えるならば，日常生活として展開する地域生活，職場生活などもほぼ同じように考えれば，特に難しいことではなく，そのような人間関係とそれにもとづく主体的活動が人間のあるべき姿にほかならない。

▼ 家族機能と役割分担

　家族構成，家族関係に加えて家族機能と役割分担がともなうこと

もまた当たり前のことである。家族社会学では家族機能と役割構造（役割分担についてはこの表現が多い）が重要な分野を占めている。

　現在は，自助・共助・公助ということがいろいろな立場から語られるようになってきている。自助とは言うまでもなく家族が引き受ける家族機能であり，共助は自助と公助の中間的な位置を占めており，その具体的なあり方は多様であると考えられる。したがって，家族が引き受ける自助は他の２つのあり方によって異なってくるであろう（現在の日本社会では，自助と公助が綱引きをしているようだ）。

　さて，家族が日常的な共同生活を営む単位なので，いろいろな外的条件によって異なるとは言え，一定の自助が想定されることになる。自助と共助の綱引きがとりわけ論議されるのは，主として経済的負担が軸になっている。そして自助を補う（あるいは支える）制度や施設などがきわめて不十分であることも指摘できるであろう。これは体験的にも見聞によっても容易に思い浮かべることができるであろう。すでに述べたように，22世紀には「生涯収入」という生活経済が確立されているので，「男は外，女は内」というあり方も意識も過去の遺物になっている。したがって，生活経済を誰が支えるかということは問題にならなくなっているので，自助としての役割分担は家族構成員の生活条件と家族意識によることになるが，家族機能としての自助がなくなるわけではない。簡単に思い浮かべる例として子育てを挙げることができる。保育所から各種学校といった教育機関や学校外教育機関はほぼ確立している。しかし，子育てについては子どもの乳幼児期だけでなく成人するまでの期間をすべて家族外に委ねるわけにはいかないはずである。子育てだけでない家族機能についても，家族員相互の看護や介護などは医療制度・施設が

これまたほぼ確立していても，そのような機能は程度の差はあれ存続しているはずである。

　家族社会学理論では家族機能論をほぼ盛り込むのはおおむね一般的であると言えるだろうが，ここで家族機能論を具体的に展開するつもりはない。ここでもまた私の家族社会学理論にしたがって，自助としての役割分担との関連で基本的な考え方を示すにすぎない。基本は人間の形成・維持・発展であり，その場合のとりわけ人間形成とは労働主体，生活主体，協同主体，そしてセルフコントロール力能を有する主体として活動できる人間形成（むろん維持・発展も含まれる）である。わかりやすく言えば，もろもろの家事と子育てそして程度の差はあれ家族構成員間での看護や介護などを想起すればよいであろう。このような諸活動については，「家族機能の外部化」として，自助から共助や公助への以降の進展として語られている。しかし，家族における自助活動が全くなくなるわけではないと考えられる。ロボットの項で若干は触れているが，21世紀に入ってからは，産業ロボットだけでなく多様な分野でロボットの技術と活用が発展しており，今後どれだけ発展するかわからないといった状態である。そうすると広い意味での家事やその他の家族内活動をどれだけロボットが引き受けるかという問題が浮かび上がってくることにもなるであろう。現在でも掃除などはロボットがかなり引き受けるようになっているが，その他の家事はどうであろうか。推察の域を出ないが，私見では，家庭用ロボットはあくまでも多様な家事の補助的活用にとどまるのではないかと思われる。例えば家族内での子育て活動について考えてみると，果たしてロボットに任せることができるであろうか。こんな話がある。ある女性の学術研究者が多忙なた

めに子どもとの会話にほとんどテープレコーダーを使ったそうである。その子どもが「正常に」成長しなかったことは言うまでもない。料理について考えてみても，ロボットの活用は著しく制限されていると思われる。レストランでロボットが客席まで料理を運ぶことが実用化の段階に入ったことにはすでに簡単に触れた。しかし家族内ではどうであろうか。それぞれの食事を思い浮かべればよいであろう。レストランのようにいわゆる「定食」があるわけではない。そしてまた料理を食卓に並べることがロボットにどれだけできるであろうか。これ以上は触れないが，洗濯にしてもゴミ出しにしても看護・介護にしても，ロボットは補助的活用の域を大きくはでないというのは果たして技術の非専門の人間のたわごとであろうか。

　このように考えてみると，「家族機能の外部化」とロボットの活用の進展があったとしても，家族内における役割分担は必要であることになろう。

▼ ライフサイクルについて

　最後にトータルな家族生活の変化（推移）として，家族のライフサイクル（あるいは家族周期）についても考えておく必要がある。これについては，現在の夫婦家族と多世代家族をほぼ前提として，結婚からはじまって時期区分をするいくつかの代表的な見解があるが，私見では，上に挙げた家族の諸側面の変化によることが基本となり，とりわけ家族構成の変化が軸となることをすでに表明している。

　そこでやや具体的に考えてみよう。どのような構成であろうとも，まずは新たな家族をつくることから始まる。その後の家族の変化については，家族構成員の増減がほぼ基軸になってライフサイクルが

進行する。家族におけるある種の「核」を軸とした家族構成員の変化に着目することがほぼ妥当ではないだろうか。ここで「核」という表現を使ったことは，これまでのようにいわゆる夫婦家族（＝核家族）を，理念型的な前提にしていないことを意味する。したがって，新たな家族がつくられる場合，家族構成によって「核」が異なることになる。先に簡単に示した家族構成の多様性に応じて，それぞれの家族における「核」は一様ではない。先に挙げた自由な家族形成をイメージしやすいように，可能性のある「核」の若干の例を挙げると，夫婦（異性，同性を問わない），親子（血縁，非血縁を問わない），新しい家族形成をはじめに合意した複数の人などがまずは「核」として位置づくことになる。その後は家族構成員の増減によってある種の区切りになる。区切りとして意味のあることを付け加えると，家族構成員の誰かの社会的地位が変わること，例えば子どもの成長にともなう学校の変化，構成員の仕事（上の地位，その他）の変化などを挙げることができる。

　このような変化を確認するのは，家族構成員の役割分担や家族関係がその変化に応じて変わるあるいは変えるべきだということを考える必要があるからである。単純に示すために夫婦家族を例として取り上げよう。この家族はいわゆる結婚によってつくることからスタートする。子どもが産まれることによりまずは最初の変化が訪れる。その変化に応じて夫婦の役割分担も変化することになる（どのように変化させるかは夫婦の合意による）。当たり前のことであるが，子育てという機能が加わり，第2子以降の出産，子どもの成長などによって家族員の役割分担が変化することになる。そしてそのような変化に応じて家族関係も変化するあるいは変化させることになる。

そのような変化の区切りは固定的なものではなく，それぞれの家族のあり方（家族関係や役割分担など）によって，ケースバイケースということになるであろう。次に訪れるのは家族構成員の数の新たな変化である。あらゆる成人が何らかの仕事に従事するという社会のあり方に応じて，成人が家族から離れる場合もあれば，配偶者をともなって家族員を増やすこともあるだろう。そのことによってそれぞれの役割分担が再配分されることになる。次には，家族構成員の誰かの仕事が変わることによる変化である。前の章でかすかに触れたいわゆる「脱サラ」のケースがその典型的な例である。ここではいわゆる夫婦家族を再び例とするならば，夫婦が合意で「脱サラ」を選ぶケースでは，新しい生活に応じた役割分担がなされることは当然であるが，そうでないケースも想定される。つまり片方だけが「脱サラ」をする場合である。そすると，住まいも含めて家族生活が大きく変わることになるであろう。なお，現在は収入面の変化が大きな要因になっているが，生涯収入がほぼきまっているので，要因にはならないであろう。ここでは，家族構成の変化と仕事の変化という点にのみ触れたが，ライフサイクルの変化の要因はそれだけではない。他の要因については予測することがきわめて難しいので，その理論的整備および実践的対応問題については今後の具体的現実の進展とそれにもとづく理論研究に委ねるしかないであろう。

2．地　　域

▼ 地域についての基本的な考え方

　家族と同じように，地域とは何かということもいささか厄介な問

題である。というのは地域については実に多くの研究があり，多くの人が語っており，しかも日常的にも多く使われている。その場合，それぞれの考え方によって「地域」の措定の仕方はきわめて多様ではある。家族の定義（家族とは何かということ）はなされており，家族について本格的に論じる場合には，大抵は何らかの定義が採用されている，あるいは背後に何らかの定義がある。これもまたいささか面倒な話と思われることを承知で言うが，地域にははっきりした定義がないようである。論文の題名に「地域」という表現がある場合，英文の題名にはほとんどの場合，"Community" となっているが，その他にも area, region, local, zone などいろいろ使われているようである。ところが相対的に多く使われているコミュニティの定義が定かではないから厄介である。私がコミュニティという用語を使わないという意味ですでに触れてはいるが，この用語（概念）の意味がある人の言によれば100以上あるとのことである。つまりこの用語には地域概念として大方が認めるような合意がないことにほかならない。そこでこれまでに使われてきているような「コミュニティ」という曖昧な思考ではなく，異論があったとしても合意可能な「地域」概念を考えるには異なる思考方法が必要であるというのが私の主張である（すでに公表している）。

　私たちが意識する地域，活動範囲である地域，生活を条件付ける地域はきわめて多様であり，どうにでも解釈できるような「コミュニティ」では，多様なあるいは層をなしているような地域の概念としては不適切である。これまでの地域論では，住民が意識する地域あるいは「研究者」（あるいは調査者）が設定する地域の範囲が地域とされており，多様な意味はどうやら地域意識にあるようにも思われる。

そこでもう少し具体的に考えてみると，多様な意識はそれぞれの生活においてどの程度「地域」がかかわっているかによると考えられる（かかわっていると意識される範域であり，それぞれが一様ではない）。そのような異なる意識による範域は，小は近隣から大は行政単位（東京都・大阪府など）さらに首都圏，東海，近畿などといった広い範域などが措定されることもある。意識だけではなく実際にも地域の大小の位層もまた地域生活にとってそれぞれが人々の生活にかかわっており，地域を何らかの範囲とすることは理論的にははっきりさせることはできないはずである。範囲が意味をもつのは実際の生活の実態を捉える場合だけであろう。

　そこで私見では，地域を一定の範囲に限定しないで（限定すれば，先に触れたように多様な規定が出てくるであろう），地域に居住する人々とのかかわり方によって地域を考えるのが妥当ではないかと思う。そうすると，人々と地域とのかかわりを2つの点から捉えることができるはずである。具体的には以下の項でやや詳しく述べるが，そのかかわり方には〈条件としての地域〉と〈相互活動としての地域〉という二面があるということである。そのような基本的な考え方によって，地域の捉え方として範囲をあらかじめ設定しないで，ほぼ共通の基盤の下に捉えることができるというのが私の基本的主張である。

▼ 条件としての地域

　先に触れた位層をなしていると考えられる地域はこの「条件としての地域」として捉えるのが妥当であるというのが私の考えである。別な表現を使うならば，もっとも広い意味での社会的・自然的な空

間的環境ということになるであろう。大は地球全体・ゾーンなどから小は地区や近隣まで多様な層をなしていることになる。地域のこの面は当人が意識しているかどうかにかかわりなく人間生活を条件づけている。

　条件としての地域には，言うまでもないことではあるが，自然的条件と人工的条件があるだけでなく，人間的活動のあり方という条件（人的条件とでも言えようか）もあるが，第三の条件については次項で取り上げることにして，ここでは前二者について取り上げることにしよう。自然的条件は小は身近な環境として容易に思い浮かべることができるように，農村的な条件，都会的な条件，河川・山林・海洋などが挙げられる。そして大は地球の自然的条件，ゾーン・エリアなどの自然的条件などがあるが，それらが自然のままではないことに留意する必要がある。ほとんど周知のことであるが，いわゆる地球環境問題が論じられるようになってからすでに久しい。自然的条件は人間の生活活動によって変化するのであり，したがって人工的条件とも密接にかかわっているはずである。つまり，自然的条件は人工的条件とのかかわりで考える必要があるということにほかならない。

　人工的条件は多様であり，ある地域における住まいの状態からはじまって，道路をはじめとした交通条件，生活に必要な多様な施設・設備のあり方・配置などを挙げることができる。これらの人工的条件そのものは100年後と言えども基本においては現在とそれほど大きくは変わらないであろう。すでに述べているように，日々の生活に不可欠な施設・設備などは公的経営体によって確実に供給されることになり，その他の必要と思われる多様な「商品」は多様な私的

経営体によって提供されることになるであろう。

　ところで，現在進行している地球環境問題が人類の協同的努力によって緩和されたとしても，自然的条件そのものが根本的に変わるわけではないであろう。すなわち，気象状況などは予測がより正確になったとしても，例えば台風・ハリケーンや地震・火山の噴火などを人類はコントロールできないであろう。つまり，いわゆる「自然の猛威」そのものは様々なかたちで存続するということにほかならない。非専門の立場から言えば，「自然の猛威」そのものをある程度は緩和することができる程度なのではないだろうか。日本における具体例を私の体験的見聞として1つだけ挙げておこう。

〈番外編〉

　河川の氾濫は大雨・台風などの際にはまだまだ多く認められるが，ある程度の緩和は可能である。私は少年時代（1940年代後半から1950年代にかけて）を富山県の黒部川下流の東岸に位置する農村で過ごした。その頃も台風の被害は毎年頻発しており，黒部川の堤防決壊がしばしば起こり，橋が壊れることもあった。当時の黒部川の夏などは，川の流れの水量がそれほど多くなく，子どもたちが河原で遊んだり泳いだりできる状態であったが，台風の時にはあの広い川がすべて濁流となり，堤防を越える氾濫がしばしばあったのである。現在はいつでも当時の夏と同じような流れで氾濫などなくなっている。その理由については多くを語る必要がないであろう。有名な「黒四ダム」などが上流に建設されたからである。黒部川と同じ条件であるかどうかはともかくとして，ダムや貯水池などによって台風・大雨などの災害はかなり防げるはずだと考えられる。また最近頻発して

いる土砂崩れなどについても地域調査によって根本的な対策が可能
ではないかと思われる。まとめて言えば，自然的条件は人跡未踏と
いった「純粋な自然」が少なくなり，何らかの人為が加わった自然が
多くなっている。したがって，その対応も可能なはずであろう。その
ためには人々の相互活動が重要であることは言うまでもない。

▼ 相互活動としての地域

　条件としての地域が広い範域にわたっているのにたいして，相互
活動としての地域はかなり狭い範域に限定される。人によっては地
球規模での相互活動もあるが（すでに触れた統括団を構成する人だが，
これはもはや地域活動には収まらないであろう），ここでは地域共同管
理という発想を軸にして考えてみることにしよう。先に指摘だけし
た〈共助〉のあり方がこれに相当することになる。

　次の「地域の創造」にも結びつくのであるが，相対的に狭い範囲
はその地域に住む人々の相互活動を不可欠とするのが「相互活動と
しての地域」である。それが密であるか疎であるか，好ましい状況
かかならずしもそうでない状況かは，現在の地域でもほぼ同じであ
ろうが，100年後の地域の新たな相互活動は様相を異にすることに
なるであろう。なぜならば，現在とは違って，人々の生活活動・生
活スタイルがかなり違っているからである。

　現在の地域（主として町内会）はすべてが民主的に運営されている
わけではなく，また地域への関心やかかわり方には住民においては
かなり差があり，意識としてはほとんどかかわらない者や町内会の
会員でない者もいる。すぐ後の「教育」のところで述べるが，私の
高校時代（1950年代前半）までは，社会科の単元には「わたしたちの

町と村」というのがあり，地域生活を考えるような内容だったが，いつのまにかなくなったようである。推察の域をあまり出ないが，現在の高校の授業では自分の身近な地域の学習がほとんどなされていないのではないかと思われる（私の大学教員の「現役」の時に，社会科の入試問題を何回か作成したことがあり，その時には複数の教科書についてかなり検討したことによる推察である）。そうすると小学校か中学校かはわからないが，子どもたちは地域とのかかわりがきわめて乏しくなり，したがって1人の住民としての地域への関心が希薄になっていると言えるであろう。それでは〈相互活動としての地域〉の面が失われることになるであろう。もっとも根本的には地域の2つの面があることをすでに述べた。〈条件としての地域〉は小さな地域からエリアなどの各位層における管理・運営としてほぼ公的に整備されるが，〈相互活動としての地域〉は地域住民の1人ひとりの生活活動に地域における相互活動がどれだけなされているかによって形成・維持・発展させられるものとして性格づけられる。

　地域における相互活動は，ある意味では人々の日常生活が集約された活動であると言えるのではないだろうか。つまり，この章で取り上げている日常生活の各分野（むろん地域も含む）における生活活動と人間関係のあり方が地域における相互活動に投影されているということにほかならない。繰り返しになるが，家族生活における相互活動と家族構成員の関係，教育経営体などにおける生活活動，その他の生活諸分野の活動，それらはすべて人間形成と関係の形成に結びついている。したがって，生活諸分野における民主的人間の形成・民主的関係の形成は〈相互活動としての地域〉のあり方の土壌になっていると言えるのである。そしてそのような地域のあり方が

地域の新しい発展・地域の創造に結びつくことになる。

▼ 地域の創造

　概念的には上のように考えられる地域は，地域にかかわる人々の生活活動によって絶えず変化している。上のように地域を2つの性質（概念）を有するものとすること，そしてその2つが人間の生活活動によってつくられることにより，地域についてもまた形成・維持・発展が問われることになるが，総称して地域の創造と言えるであろう。その場合，大事なのは，先に地域共同管理という発想が必要だと述べたように，地域は住民の一定の共同性によって管理・運営されることにもとづいて日々新たに創られる性格として考える必要があるということである。ここで言う「一定の共同性」とはしばしば言われるいわゆるコミュニティ（の復活）ではない。やや難しい言い方になるが，近代社会がゲゼルシャフト化を推し進めたことに対置して，それに代わる新たな関係として「新・共同関係」と言うことを私はかなり以前に主張している。それはゲゼルシャフトを通過した，そしてまたゲゼルシャフトを含む新しい共同性を意味するのである。

　地域の物質的条件はおおむね整備されるであろうが，その維持および住民の相互活動は放置するあるいは単なるルーチンワークのままであるならば，たてまえとしては地域のあり方（物的かつ人的条件）が悪化するとはかならずしも言えないが，それらの諸条件は産業における減価償却にも似て，消耗され衰退する可能性があることは言うまでもないであろう。現在でも小さな公園などは町内会によって草取りなどの掃除が定期的になされている。住民全体が参加するか

どうかはともかくとして，これが地域住民の共同的活動であること
は言うまでもない。

　現在のような地域関係の希薄化が進んでいるゲゼルシャフトで
は，地域住民の協同活動はきわめて部分的な活動にとどまっており，
またほとんど活動への参加がない住民にはおおむね手の施しようが
ないと言えそうである。新たに形成される「新・共同性」を有する
地域相互活動は，単に地域の諸条件を維持するだけでなく，発展つ
まり新たな創造へと進むものとして性格づけられる。一言で言えば，
地域は家族をつくるのと同じような考え方によって，地域構成員に
よって形成・維持・発展する存在だということにほかならない。

3．教育経営体をめぐって

▼ 学　　校

　家族と地域はほぼ生涯にわたる日常生活と不可分であるが，教育
経営体としての学校は成人になるまでの日常生活では大きな位置を
占めている。ここでも地域と似たような考えで学校のあり方を確認
すればよいであろう。すなわち，条件としての学校経営体と相互活
動としての学校経営体ということである。その場合，小学校から高
校まではほぼ義務教育と考えてよいであろう。

　まず条件としての学校経営体については，物質的条件と人的条件
という二面から確認する必要がある。これらの条件を具体的に挙げ
れば多様であり，また容易に思い浮かべることができるはずである。
現在の学校は公立・私立を問わず条件には著しい違いがあるように
思われる。2つの条件においてそのような違い，つまり格差とラン

クづけが問われることになる。まず物質的条件としての校舎をはじめ様々な施設・設備において，現在のような多様な格差が解消されることである。具体的に挙げるならば，学びの核となる校舎，部活動が保障される施設・設備（グラウンドや多様な部活動の場所など）が学校の規模に応じて大差なく整備されることになる。人的条件についても，単に教員だけでなく多様な職種の職員（これには保健関係，保安・衛生関係，教育補助的業務，部活動関係，親権者との連絡業務など）が質量ともに必要に応じて確保されることになる。

　条件については人的・物的にほぼ整備されていることを前提として考えるならば，学校経営体のあり方については，相互活動としての学校経営体がより重要性を帯びることになるであろう。教職員にしろ学生・生徒にしろ，そこに就業・就学するときにはすでに一定の条件が存在していることになる。これまた管理・運営および教育活動という二面からの確認ということになる。施設・設備は大きな差のないかたちで整っており，必要に応じて補強・追加すればよいであろうが，人的条件については人数は確保されるとしても，問題は構成員の質にあり，これには構成員（教職員・学生・生徒 そしてその他のかかわりのある人々）の相互活動のあり方がきわめて大事になる。学校という教育機関としての性格の経営体なので，そこでの仕事についてのライン関係は当然あるが，ここに〈指導―被指導〉という関係が加わることになる。

　条件および相互活動としての教育経営体は，〈指導―被指導〉関係を含みながらも，ここでもまた地域における「新・共同性」とほぼ似たような性格で，構成員による相互活動がなされることになる。この相互活動は教育経営体における構成員の民主的人間形成そして

民主的人間関係の前進に資するだけでなく，他の生活分野の諸経営体で活動する（民主的）人間形成の基礎的分野として性格づけられるであろう。教員と学生・生徒の関係は，学科目ではおおよそ〈指導─被指導〉関係にあるが，その他の生活面での関係は構成員としてほぼ同じような立場で相互活動がなされることになる。例えば，現在はいわゆる「道徳」などは教員から教えるということになっているが，この場合は相互活動によって形成・維持・発展させるということになる。そして，教え方や学び方，さらには生き方などもやはり相互活動によって形成・維持・発展させることになる。また，職員の場合は事務的な仕事だけでなく，教員とは異なる立場から学生・生徒との「教育的な」相互活動の一端をになうものとして性格づけられる。

▼ 学校外経営体

　学校外経営体とは，私の言う公的経営体として義務教育を引き受けている学校以外の教育経営体を意味する。現在の学童保育，いわゆる専門学校，私塾的教育経営体などを想起すればよいであろう。これらの大部分は，その性格上私的経営体ということになり，場合によっては複数の経営体が合体したものになるかもしれない。

　学童保育や専門学校についてはとりわけて説明することもないであろう。それらについてはそれぞれの関係者の必要に応じて形成・維持・発展させられる性格であることは公的な教育経営体とほぼ同様であるが，必要がなくなれば解消されるであろう。問題は，ここではひとまずは「私塾的教育経営体」と一括して表現したが，すでに述べた仕事の多様性にほぼ照応してきわめて多様である。した

がってその大部分を取り上げることはできないので，ここではいく
つかの分野の経営体をピックアップして触れるにすぎない。

　すぐに思い浮かぶ分野としては，スポーツ，芸術，芸能なのであ
ろう。その場合，それぞれの分野の中でも多様な部門があることを
考慮する必要がある。職業としてのスポーツについてはすでにある
程度触れている。しかし，スポーツのプロとなるためにはそれなり
の訓練が必要であり，これにはなんらかの指導があるはずである。
比較的わかりやすいプロ野球を例として考えてみよう。現在の日本
ではそのような進路が可能なのは，高校あるいは大学までの期間に
一定のレベルに達すること，あるいは都市対抗野球に示されるよう
に，社会人野球によって一定のレベルに達することが求められる。
さらに最近では各球団によっていわゆる「育成選手」というシステ
ムが導入されている。そうするとそれらの「育成経営体」をどのよ
うに位置づけるか，そしてそこでの〈指導―被指導〉関係のあり方
が問われることになる。それらの「育成機関」をどのような経営体
として性格づけるかというのはきわめて難問である。野球（おそらく
他のスポーツ種目の大部分も）の育成機関はなんらかの経営体の内部
に属しているが，それ独自で存在する育成機関があり，しかも仕事
と育成という2つの活動が渾然一体となっている場合が多いと考え
られる。

　ここではまず例としてスポーツではボクシングそしてバレエなど
の舞踏について考えてみると，その経営体に属する全員とまではい
かないが，かなりの構成員が〈育成・訓練〉活動だけでなく，仕事
としての活動における一定の位置を占めている。また，芸能・芸術
の分野でも，仕事としてではなく趣味として学習する者はともかく

として，その経営体に属している者はやはり同じような性格ということになるであろう。

　学校外経営体については，上に若干例示したように，それぞれの経営体の性格に応じてその構成員の位置（あるいは立場）が違うことになるので，そこでの「教育的」活動における相互活動のあり方が問われることになる。すなわち，いわゆる旧い徒弟関係のような相互活動なのか，あるいは「民主的」徒弟関係なのか（もしあり得るならば），それとも今後新しく形成されるであろうと思われる全く異なる相互活動なのかということである。もし新しい相互活動が形成されるとしたらどのような相互活動なのか，そこでの〈指導─被指導〉関係がそれぞれの技能の習得・発展に有効に働くのかということも考慮されなければならないであろう。まとめて言えば，学校外経営体においては，それぞれの分野の性格に応じた新しい関係と相互活動が構成員すべてにとって（とりわけ指導層にとって）具体的に模索していくという課題に直面するということにほかならない。

▼ その他

　教育活動の多様性・位層性という現実を考えるならば，上に取り上げた教育事項以外にも考える必要があることについて，〈番外編〉的に追加して触れておくことにしよう。教育経営体は，家族とは別な意味で相互活動すべてが人間の形成・維持・発展に結びつくものとして性格づけられる。しかもそれぞれの諸個人の家族生活・地域生活・職場生活など生活全般と無関係には考えられない。例えば，現在の未成年者の生活を考えてみるならば容易にうなずけるはずである。

　現在の未成年者の生活は1950年代頃とは大きく変化している。

1950 年代（私の青少年期）頃の未成年者の大部分は，相互活動の集団・
組織としては，家族，学校，地域（近隣程度の範囲）での生活しかな
かったと言えよう。情報と言えばラジオ程度であり，農村では新聞・
雑誌を購読している家もきわめて少なかった。遊びは近所の子ども
たちと飛び回る程度で，これまた種類がきわめて少なかった。だか
ら，教育的活動はそれらの集団・組織の域を超えるものではなかっ
ただけでなく，多くの農村では学校教育（主として学業成績）はあまり
重視されていなかった。つまり，家族と地域が人間形成にとっては
大きな位置を占めていたということにほかならない。ひるがえって
21 世紀の現在について考えてみると，未成年者を取り巻く社会的条
件は大きく変貌した。

　家族と学校が大きな位置を占めてはいるが（地域の位置が乏しく
なった），大人と同じように多様な集団・組織がかかわっており，と
りわけ情報機器の普及によって子どもたちの生活にプラスとマイナ
スの両面の作用をしていることは，ほとんど周知のことと思われる。
そうすると，そのような社会的条件がますます複雑に進展すること
はほぼ確実であろう。したがって，一方ではそれらの条件における
マイナス作用をどれだけ少なくするかということが大事になってく
る。他方ではそれらとかかわる相互活動はますます重要になってく
るであろう。そこには子ども同士の相互活動と子どもと大人の相互
活動の 2 種類があるだけでなく，個人同士という単数での相互活動
と複数による相互活動がある。したがって，多様な相互活動のあり
方が重要になってくるが，これについてはそのような相互活動の実
態にのみ注目するのではなく，相互活動としての主体の形成（成年・
未成年を問わず）にかかわるあらゆる集団・組織，とりわけ未成年者

にはすでに触れた多様な教育経営体のあり方が重要になってくると言えよう。

4. 職　場 ─────────────

▼ 職場について考える

　家族，地域，学校等に加えて，生活の大きな要素を占めるのが職場である。次の項でやや具体的に考えるが，職場の多様性について当然考慮する必要がある。まずは相対的に大多数の人が占めていると考えられる公的経営体と相対的に大きい私的経営体を例として，職場について考えるに当たって不可欠だと思われる点を整理してみよう。

　ここでもまた条件としての職場と相互活動としての職場という考え方を適用する。人間はどのような分野での生活活動であろうと，なんらかの条件の下に，直接的・間接的に何らかの相互活動をしているという当然の現実にもとづく捉え方にほかならない。

　21世紀初頭までの職場の条件と言えば，主として職場の労働条件が軸になっており，これに若干の福利的条件が加わっているということになろうか。100年後の諸条件については，生涯仕事時間と生涯収入というかたちについてはすでに述べた。そうすると，職場の条件を具体的にはどのように考えたらよいのであろうか。職場の条件については，すでに述べた経営体の性格によってかならずしも一様ではないであろう。

　規模の大きな公的経営体では，仕事をする条件はラインと分業によってかたちとしてはほぼ整備されているはずなので，どちらかと

言えば相互活動としての職場のあり方が大事になってくる。かたち
として整備されている職場のあり方を働きやすい職場とするかどう
かは職場構成員の相互活動によって決まるであろう。具体的には容
易に想起できるであろうが，〈上司―部下〉というラインの関係，ほ
ぼ同僚という分業における関係は，それぞれの相互活動によっては，
雰囲気や仕事の能率が微妙にちがってくるのではないだろうか。こ
こで言う相互活動とは，ラインと分業の下でお互いにどのように接
するかということを意味する。人間の性格はそれぞれ多様であり，
「合う，合わない」ということになることが認められるであろう。し
かし，相互活動（主としてコミュニケーション）において，それぞれが
この「合う，合わない」を念頭においているならば，関係が好まし
い方向に形成されるであろう。とりわけ分業における配属において
は当人の力能だけを考慮するのではなく，適材適所という相互関係
についても考慮する必要があるであろう。そしてラインと分業の具
体的あり方については，職場の位置とは関係なく意見を表明するこ
とが保障されていることもまた相互活動としては大事であろう。や
や規模の大きい私的経営体についても公的経営体と基本的にはほぼ
同じような条件が形成されることになる。

　２つの主要な経営体について簡単に考えてみただけでも，職場に
おける相互活動の形成・維持・発展を構成員で自然に追求している
ことの大事さが容易に納得されるのではないかと思う。当たり前の
ことかもしれないが，そのことはその経営体にとってもプラスにな
るし構成員それぞれにとってもプラスになる。したがって，相互活
動の重要性については構成員それぞれが念頭に置いて仕事に従事
し，仕事以外の職場生活をも営むことが大事である。加えて，いか

に民主的な職場であったとしても，やはりラインの上位に位置している者の役割は他に増して大事であることになる。

　相対的に規模の大きい企業でラインと分業が整備されている経営体は，上に述べたことがおおむね該当するはずであるが，すでに述べたように，仕事の多様性に応じて職場のあり方も多様であることは言うまでもない。小規模の経営体ではラインや分業が大規模な経営体と同じように整備されているとはかぎらないだけでなく，整備が難しい職場もある。そこで，その多様性の一定部分について次に考えてみることにしよう。

▼ 職場の多様性

　仕事の多様性についてはやや具体的にすでに触れたが，それに照応して職場は当然に多様であるが，ほぼ一様である面もある。一様である面としては，メーカーつまり物質資料の生産が主である職場か第三次産業的な業務が主であるかによって若干の違いがあるだろうが，1つの組織体として管理・運営される必要性から，ある程度は上下のラインと分業のあり方が問われることになろう。「混合経済システム」における相対的に多数の職場は，公的経営体とやや規模の大きい私的経営体ということになるだろう。したがって職場の多様性についてはそれ以外の経営体あるいは仕事における多様性ということになる。仕事の多様性についてはやや大規模な公的経営体や私的経営体，その他の経営体などが存在し得ることを，いくつか例示して前の章で述べたが，職場の多様性もほぼそれに照応して多様である。いかに多様であろうとも，すでに取り上げたいくつかの分野とほぼ同じように考えればよいであろう。

　まずは規模の大きい経営体におけるラインと分業をめぐっては，制度としてのそのあり方が条件としての職場ということになり，その制度のなかで構成員同士の相互活動のあり方がその職場にとっては大事になってくるであろう。やや詳細に考える必要があるのはその他の職場である。これは多様性という言葉では表現できないほど多様であることは容易にうなずけるはずである。

　具体的には〈第3章〉で触れた「混合経済システム」の下でのいろいろな経営体に応じた多様な職場ということになる。それらの経営体では制度化されているきちんとしたラインがかならずしもはっきりしていないだろうし，分業も固定したかたちでなされているわけではないと考えられる。そうすると，条件としての職場はその職種に応じて多様であることから，それらの整備のあり方も多様であろう。そのような性格の多様な職場においては相互活動としての職場という点が，上に指摘したような規模の大きい経営体よりもさらに重要になるであろう。しかし，他方では利点もある。条件および相互活動両方の職場の好ましいあり方については，構成員が少人数なので職場における合意がしやすいという利点である。例えば，はっきりしたラインがないことによって上下関係にほとんどかかわりなしに提起・提案がしやすいこと，職場内の分業がはっきりしていないことによって相互活動を好ましい方向にもっていかざるを得ないということ，などを指摘することができよう。他方では，それぞれの職種の性格に応じた工夫が絶えず求められるというある意味ではプラス，マイナス両面を備えている職場とも言えるであろう。したがって，多様な性格に応じた職場の形成・維持・発展の追求が構成員に不断にしかもやや意識的に求められることになる。そこでこの

面をめぐって，やや具体的に考えてみよう。

▼ 職場の形成・維持・発展について

　すでに示した３つの生活分野と同じように，職場についてもその形成・維持・発展が問われることになる。現在の資本主義的経済システムからすでに述べた「混合経済システム」への移行期においては職場の新たな「形成」が鋭く問われることになろう。この場合の考え方としては，地域と同じように条件と相互活動の二面から考えることになる。とりわけ新たな職場のあり方の形成が出発点として重要であろう。

　条件としての職場は，職場の多様性に照応した多様な条件のあり方があることは言うまでもないであろう。すでに指摘したように，この面においてはただちにはあまり問題がないと考えられるが，条件とのかかわりで相互活動としての職場により注目する必要があると思われる。条件ももちろんそうではあるが，相互活動の形成・維持・発展は座して待っているあるいはほぼ満足しているというだけでは不十分である。この面では構成員がかなり意識的に発展（向上）を目指すことが必要である。すなわち，私の言う民主的な人間形成，民主的な人間関係を不断に目指すということにほかならない。

　相互活動としての職場については，すでに触れているいくつかの集団・組織における考え方とほぼ同じであると言ってもよいのだが，ここでは職場独自の面に若干触れておこうと思う。その場合，現在の職場とりわけ日本の職場関連のあり方と比較すればわかりやすいのではないかと思われる。規模の大きい経営体における仕事のラインと分業の面では根本的な違いがないことがたてまえになってい

る。しかし実態について考えてみると，その人間関係は仕事のライ
ンと分業にとどまらないことを指摘することができる。それらの例
などはビジネスマンならば身近なところで容易に思い浮かべること
ができるのではないだろうか。これについては多くを語る必要がな
いであろうが，人間関係のあり方とりわけラインにおける上下関係
が仕事の範囲だけにとどまらないことである。また，職場の雰囲気
そのものが仕事だけの問題にとどまらないことも指摘することがで
きる。最近その話題が多く認められる男性の育休がその典型的な例
であろう。言うまでもないことであろうが，当人の意識もあるだろ
うが，育休をとりにくい職場の雰囲気があることはしばしば指摘さ
れている。これ以外については敢えて挙げる必要はないであろう。

　相互活動としての職場の新たな形成はとりわけ移行期には重要に
なってくる。上に触れたような職場の人間関係における問題性は一
朝一夕には解消しない性格であり，そのような職場の問題性への対
応は，単にタテマエやかけ声だけでなく，私の言う民主的な人間関
係を職場における相互活動によって形成し追求し，仕事外の人間関
係のあり方を相互活動によって維持し，さらに発展させることが大
事なのである。言うまでもないことかもしれないが，そのような相
互活動によって条件として職場の整備もまた形骸化しないような方
向へと進むことになるであろう。

5．その他の生活分野

▼日常生活
　すでに取り上げた家族，地域，職場それぞれによって具体的なか

かわり方が違っているが，ある程度共通の日常生活が想定される。しかし，すでに触れているように，仕事時間の大幅な短縮，生涯収入の保障などによって，人々の日常生活は多様性を帯びることになる。人々の価値観の違いと生活条件（いわゆる生活水準ではない）の違いによって，簡単には整理できないような多様な生活が可能になるであろう。そのような可能性をどのように考えてどのように生かすかについては，次章でやや具体的に考えることにして，ここでは日常生活の一般性と個別性（特殊性）について述べることにしようと思う。

　次章の「生き方論」を若干は先取りすることになるが，人々の日常生活（と言っても非日常性も含まれる）についてやや具体的に考えてみると，いわゆる自由時間はたくさんあり，生活経済についても生涯収入として確保されているとしたら，人それぞれはどんな日常生活を続けるであろうか。現在はまだ可能ではないが，先にも簡単に触れたように，どんな日常生活を過ごすかはおおむね自由である。しかし，丁度，現在の経済システムでは「自由」が突出していることにも似て，無制限の「自由な」生活でよいのかということが問われるのではないだろうか。自由・平等・友愛をセットにして形成・維持・発展させるのが民主主義の基本であり，どれかが突出することが民主主義の形成・維持・発展にマイナスをもたらすというのが私の基本的な主張である。つまり無制限の「自由」はマイナスに作用もすることにほかならず，私の主張する民主主義は日常生活とも深く結びついているので，このような考えを軸にして日常生活のあり方について追加的に述べようと思う。

　人間の日常生活は産まれたときから始まるという当たり前のこと

から出発しよう。人は最初は家族生活から始まって地域や教育機関
など日常生活における活動範囲を次第に広げながら成人として形成
されるということもごく当たり前のこととして確認しておこう。そ
うすると，日常生活には年齢・性別を問わず多様な人間がかかわっ
てくることは言うまでもないであろう。そしてまた，日常生活にお
いて何か考えて実行するということは，これまたごく当たり前のこ
とにほかならない。そうすると，あらゆる日常生活が人間関係の網
の目の中で営まれ，そのすべてが（民主的な）人間形成にかかわって
いるということになる。現代日本社会ではそのようなことが相当多
くの人に忘れられている，いやほとんど念頭にないと言ってもよい
であろう。だから民主主義が停滞するあるいは後退するという状態
がほとんど常態になっているとも言えそうである。

　100年後の社会では，すでに述べているように，家族，地域，教育
経営体，職場などあらゆる集団・組織において，民主的な人間と人
間関係が形成されることが常態になっている。したがって，現在の
ように自由が突出していたり，場合によって無制限な「自由」は，当
人自身にとってもかかわりのある人間関係においてもあり得ない。
このことは，相互活動としての日常生活のなかでそのようなあり方
が絶えずしかもそれほど意識しないで追求されていることを意味す
る。ではどの程度の自由なのか。それは日常生活における諸条件と
相互活動によってかならずしも一様ではないであろうが，ここでは
自由が束縛されていると感じない程度の状態と言っておくだけで充
分であろう。

▼ いわゆるレジャーなど

　すでに述べているように，仕事時間の大幅な減少と生涯収入制度
の確立によって，生活におけるいわゆる「自由時間」が100年後には
現在では信じられないほど大幅に増えることになる。これについて
は次の〈第6章〉とも密接にかかわっており，若干先取り的なこと
も含めてごく一般的に考えてみよう。ある意味では「条件としての
レジャー」と言ってもよいかもしれない。そのような表現が許され
るならば，「相互活動としてのレジャー」の方はほとんど一般化でき
ない性格であると言えそうである。

　考えてみれば当然わかることであるが，レジャーのあり方は人々
の日常生活以上に多様である。自由時間をどのように活用するかと
いうことは，前の項で述べた民主的人間形成と民主的人間関係の形
成と不可分に関連している。やや余計なことかもしれないが，私は
学校教育にレジャーの歴史的展開とその意味を考えるという授業を
取り入れてはどうであろうかと思っている。最近はレジャーランド
やインターネットなどによってほとんど他律的なレジャーの過ごし
方が相対的に多くなっているようである。さらには自立的な性格で
はないかと思われる旅行などもパック化された「商品」である場合
が多くなっているのではないだろうか。なぜこのようなことを言う
か，レジャーの過ごし方は一応は自由で多様性に充ちているが，ま
さに「自由に」時間を使えばよいと思っている人が多い，いやその
ような意識すらないのではないだろうか。スマホについての街頭イ
ンタビューで，若い女性が「ほとんど手放さないので1日に9〜10
時間スマホをみているかもしれない」という報道に接したことがあ
る。これをレジャーと言えるかどうかわからないが，自由時間の過

ごし方としては果たしてどうであろうか。道徳的な教訓的なことを
言うつもりは毛頭ないが、自由時間の過ごし方も人間形成に大きく
かかわっているのではないかと思う。とりわけ自由時間が多くなる
100年後ではそうではないだろうか。

　そうすると、自由時間の過ごし方についても人間形成や発展につ
いて考える必要があると思われる。いろいろなモノやヒトとかかわ
りながら、いくつかの集団・組織の下で過ごす日常生活がごく自然
に人間形成・人間関係の形成そして発展に結びついていることにつ
いては、すでに再三述べている。レジャーなども例外ではなく、若
干の非日常性を含みながらもこれまた日常生活の構成部分とも言え
るであろう。したがって、レジャーにおける諸活動もまた諸個人の
発展とも社会の各位層の発展とも結びついていることになる。つま
り諸個人の諸活動すべてが多様な発展と結びついていることにほか
ならない。そのようなことを人々がはっきりと意識しているわけで
はなく、非意識的にそのように生きる人間を形成することが、各位
層のあり方に左右されることを意味する（この点では人によりけりで
はあるが、現在でも基本的には同じであろう）。

▼「自由時間」の活用の多様性

　レジャーの過ごし方と似たように、大幅に確保された自由時間を
どのように活用するかということも多様性に充ちている。これは次
章とも結びついているのだが、自由時間をどのように活用するかと
いうことは、おそらく生き甲斐と結びついているはずである。ここ
ではあくまでも参考素材として、やや具体的に若干の例を示すにす
ぎない。なぜならば自由な生き方には一般性などはほぼないからで

ある。

　次の章をやや先取りして言うならば，自由時間における諸活動は全体としても多様性に充ちているが，諸個人それぞれにおいても一様ではない。あえて私の主観的な考えを前面に出すならば，諸個人の自由時間の活用は一様ではない方が望ましいのではないだろうか。やや〈番外編〉的に話を現在に戻して考えてみよう。

　現在の仕事やその他の生活時間がきわめて多様であるとともに，その社会的位置によってきわめて不公平であることは言うまでもなく周知のことであろう。しかもそのあり方がかならずしも収入に反映されていないことも，これまた周知のことであろう。あらためて言うまでもないかもしれないが，再確認の意味で言えば，企業における正社員，非正規社員である契約社員，派遣社員，アルバイター，パートタイマーなどその「身分」によっては，仕事内容が同じでも処遇が違っていることはほとんど常識であろう。仕事時間もある程度は違ってはいるが，どのような雇用条件であろうとも，自由時間がそれほど多くないし場合によってはほとんどないかもしれないのであり，これまた周知のことであろう。

　さて100年後の社会では，ほぼ充分に自由時間が確保されている。そうすると，諸個人によって自由時間はかなり多様に活用されることになる。対比して現在について言えば，大部分の人にとっては乏しいレジャーか休養が加わる程度であろう。したがって，自由時間をどのように自分に合ったかたちで活用するかということなどおおむね想定外であろう。しかし，自由時間が充分に確保されている時代になれば，多様な活用の仕方が当然想定されることになり，各人は自分に合った自由時間を多様に活用することができることにな

る。この多様性は2つの点から考えることができる。1つは，諸個人それぞれの活用の仕方が多様であること，だから人の数ほど自由時間の活用が多様性に充ちていることを挙げることができる。これについては説明の必要がないであろう。もう1つは，1人の人間における自由時間の活用の多様性を挙げることができる。自由時間の多様な活用が可能な条件の下では，1種類の活用に限らず複数の活用の仕方があり得るということである。私が想定する未来社会では，もしかしたら大部分の人は自由時間をいくつかに分けて活用しているかもしれない。

第6章　人生の生き甲斐と楽しみ

イントロダクション

　私が描く100年後の「ユートピア」はそろそろ終わりを迎えることになる。これまでは私の社会学的発想にしたがって述べてきたが，この章の題は社会（科）学思考もあるが，どちらかと言えばいささか哲学的性格でもある。

　考えてみれば，これまで展開したように，100年後を想定した「地球設計図」にしたがって「地球づくり」が実現するとすれば，人間諸個人が生きる上での諸条件―飲食・住・衣および一般的な娯楽など―がおおむねそろっていることになると受け止められるであろう。しかし，それでよいのであろうか，といささか欲張りな問題提起からこの章は始まる。その問題提起とはおそらく人間にとって永遠の問題かもしれないが，ある意味では人間が生きる（そして死ぬ）とはいかなることなのか，と考えること，したがって，いささか哲学的あるいは人生観的な性格になるであろう。これまでに展開した叙述には私の人生観が背後にあるので，本書を終えていくにあたってはこの最後の章は必要なのである。

　現在の人々（主に日本人）の生き甲斐なり生きる楽しみはどうであろうかと考えてみると，私見では，幸運にも主観的には自分なりの生き甲斐があり，人生を楽しんでいる者も一定程度はいるようにも思われる。例えば，ほぼ生涯にわたって好きな仕事をしている，あるいは趣味のような楽しみを続ける条件がある，というような境遇にある人はそうだが，そのような人はかなり少数にとどまっている

ように思われる。そこでイントロとして21世紀初頭と比較する意味
で，少しばかり具体的に考えることを通してはじめの問題提起とし
ようと思う。あるテレビ番組に『人生の楽園』というのがある。こ
の番組はビジネスマンの定年後あるいは定年以前の生活（＝仕事）を
がらりと変えて，主として農山村での新たな生活を紹介するもので
あり，年齢は50歳前後から後期高齢期まで様々である。代表的例と
しては，農村での新たな生活を「開拓」した例について考えてみよ
う。

　あるビジネスマンが50代後半で（この場合年齢は60代でもよい）い
わゆる脱サラをして農村で新たな生活を始める。彼ら夫婦が始めた
のは「一種のレストラン」である。農村なので土地と建物はかなり
安価である。建物を改造してカフェ的なレストランを開店した。そ
んな田舎で営業が続くかどうかとも思われるであろうが，どうやら
継続しているようである。食材は自力で栽培したり近隣の人が持っ
てきたりする。そしてこのレストランは近隣の人たちの一種のたま
り場にもなっている。そこまでにいたるには多分いろいろな苦労や
工夫があったと思われるが，「人生の楽園」かどうかはともかくとし
て，このような例がかなり紹介されている。中高年以降の生き方の
1つではあろう。夫婦が健康である限りは続けられるし，そのあり
方（メニューなど）の工夫，近隣の人々に楽しんでもらうこと，そして
自分自身も楽しく暮らしていること，そんな目的のようなものを
持っていることなどが生き甲斐になっていると考えられる。生き甲
斐はいろいろであり，ここではどんな生き甲斐がベターであるかど
うかは問わない。

　人生の生き甲斐についてはケースバイケースできわめて多様であ

ると考えられるが，これについてもこれまでと同じように，その形
成・維持・発展という発想によって展開することにしよう。それぞ
れが自らの生き甲斐について考えてみればよいであろう。現代日本
では生き甲斐を意識できない人の方が相対的に多いとも思われる
が，考えてみると，すでにおおよそ述べたように，100年後の社会で
は，自由な仕事の選択がほぼ可能であり，自由時間もまた大幅に保
障されており，「生涯収入」という条件によって生活経済も保障され
ている。それでも人間はそのような生活条件をそれでよしとして満
足し，与えられた（可能な）条件の下でただ生きているだけであろう
か。私にはそうではないように思われる。すでに述べたように，人
間の生活活動のなかには欲求の産出があり，上のような一般的な生
活条件をそのまま享受するだけではない面を考える必要があるよう
に思われる。私見では，人生の生き甲斐はやはり人それぞれによっ
てある時期から形成され，維持されてさらに発展させる性格ではな
いかと思われる。そのような活動には欲求の産出ももちろん含まれる。
したがって，そのようなかたちで生涯を過ごすとするならば，それ
ぞれの生き甲斐に応じた，可能な人生プロセスを描く必要があると
考えられる。つまり，人生航路あるいは生涯の人生軌跡を描くとい
うことにほかならない。かなり主観的ではあるが，先に『キャリア
の羅針盤』(2011年 学文社)という生き方論を書いたことに簡単に触
れた(112ページ)。それは21世紀初頭という日本の社会的条件を背景
とした生き方論であるが，基本的な考え方というかスタンスは100
年後でも通用すると自負している。したがって，100年後の生き甲斐
論つまり生き方論にも適用しようと思う。
　いささか主観的ではあるが，私自身が生きるにあたって一応は密

かに指針としてきたものが基軸になっている（『キャリアの羅針盤』で述べたことである）。それは3つの指針であり，その気になれば実行可能な指針である。1つは何かに取り組んだ成果が7割達成でよいではないかという人生を意味する。人が全力で活動できる期間はそれほど多くあるわけではないので，おおむね7割のエネルギーで仕事などに取り組むということである。そして7割達成のもう1つの意味として70％あるいは70点でいいではないかと欲張らないことである。2つには，7割人生に応じるような生活を具体的に実行をすることである。このような考えによれば一度に多くのことをやろうとしないことであり，これもいいあれもいいと多くのことをやろうとすると，結局は疲れて何もできなくなるであろう。つまり，できそうもないことに取り組まないが，ひとたび取り組んだら継続することであり，これまた欲張らないことである。そして3つにはこれがやや難しいが，常に先の10年，20年，その先を念頭におくことである。第3番目は社会的キャリアや年齢によって具体的には異なるであろうが……。この最後の章はこのような考え方とりわけ3つ目を重視して展開しようと思う。

1. 人生航路の選択

▼ 選択の自由

　現在の日本社会では，タテマエとしては職業選択の自由ということになっているが，はたして実質的にそうであろうか。大学生に絞って考えてみると，すでに普通語になっている「就活」をめぐって想起してみよう。「就活」の時期になると，マスメディアでもかな

り取り上げられるが，誤解を恐れずに言えば，どちらかと言えば方
法あるいは技術的な取り上げ方が多く，大学生の方も似たような考
え方に傾斜しがちである。もちろん現代日本の社会的条件がそのよ
うな状況を生み出していると言えるであろう。

　この「就活」に際しては，自らの適性あるいはやりたい仕事が念
頭にないわけではないが，そして時期による経済状況の違いもある
だろうが，どちらかと言えば，高収入あるいは安定職場を選ぼうと
いう傾向がかなり多いのではないだろうか。もちろんそれはそれで
自由な職業選択の 1 つのあり方かもしれない。しかし，そのような
選択がすべて自由な選択なのであろうか。かならずしもきちんと証
明されているわけではないが，就職後に短い期間で職場を辞める例
もかなりあるということが伝えられている。そのことの是非は問わ
ないが，なんらかの仕事に従事してからしばらくして自分の思い描
いていた仕事とは違うと思われたからではないだろうか。その場合
に自分に適した新たな職場に転職できればよいが，かならずしもそ
うとはかぎらない社会情況である。いわゆる派遣社員という「仕事」
に認められるように，いつ失業するかわからないと言ってもよいよ
うな人々もかなりいるようである。これでは実質的に職業選択の自
由とは言えないであろう。

　職業選択の自由については，どのような事情であるかはともかく
として，上に挙げたような職業選択の仕方も 1 つのあり方には違い
ない。理由はともあれ，問題は転職する場合にも選択の自由が保障
されているかどうか，あるいは何らかの理由で職場を去ってから再
び職場に復帰するあるいは新たな仕事に従事する場合に，選択の自
由があるかどうかということにある。統計的に実証されているわけ

ではないが，若干の例から考えてみると，転職がかならずしも前よりは有利な条件でない場合が多いように思われる。大卒後に就職して1，2年で辞める場合，その人はいわゆる新卒者と同じような立場で「就活」をするという話をしばしば耳にする。女性の場合はさらに条件がよくない。産休・育休を長期にわたって活用するとその後の「昇進」に影響するという話を耳にしたこともある。企業の立場からすれば，ある意味では当然の対応と言えるかもしれない。

　まとめて言えば，21世紀初頭までの日本社会では，タテマエとしては職業選択の自由ということになっているが，実態としては職業選択の自由が乏しいのではないかと思われる。100年後の社会では，すでに述べているように，1つの仕事に複数の人間が従事することになり，また生涯収入というあり方も導入されるので，上に触れたような選択（選択できないことも含む）の不自由は実態としても解消されることになるであろう。そうすると仕事の選択の自由をどのように活用するかがすべての人間に問われることになる。つまり，仕事の選択の自由を自らの「人生航路」のなかに位置づけることが大事になってくるであろう。したがって，仕事の選択がいろいろな生き方そのものの選択ということを意味することにほかならない。この章の題名にあるように，仕事の選択を軸にしてどのような人生航路を思い描きかつそのための多様な生活活動にチャレンジすることが，ほぼ一般的には諸個人の生き甲斐に結びつくことになる。したがって，若い世代が（大卒あるいは高卒の時期に）この仕事が好きだ・やりたい，だけで考えるのは人生の生き甲斐との関連では不十分であるということになるであろう。そこで，この面からやや具体的に考えてみよう。

▼ 選択の条件

　人生航路にはいろいろな選択肢があることは当然であるが，社会的には自由な選択が可能なのが100年後の世界の姿である。現在もタテマエとしては職業選択の自由があることになっているが，先に若干触れたように，実際にそのように就業することはかならずしも容易ではないことは言うまでもないであろう。ここで仕事の選択の自由についてかなり言及しているのは，人生航路の「設計」および生き甲斐，私流に表現するならば「自分が生きている意味」と不可分だと考えられるからである。

　さて，選択の条件については，100年後には，仕事や家族生活そして居住地としての地域などはかなり自由に選択できるはずであるが，自らの生き方になるとどうであろうか。一応は大学を卒業後という想定で考えてみよう。「この仕事が好きだ・やりたい」だけでは不十分であることを先に指摘したが，100年後であろうと，仕事の選択においてはほぼ同じであろう。経験者あるいは見聞などによって考えてみると，20代前半では多くの若者は自らの適性がかならずしもわかっていないと考えられるだけでなく，将来展望についてもはっきりしない者が多いのではないだろうか。ではさしあたりはどのように選択したらよいのであろうか。スポーツや芸術などのように一定の「才能」をそなえている必要のある仕事はともかくとして（いや，そのようなケースも多分含まれるだろう），仕事の種類ではなく職場のあり方という面を軸に考えてみよう。ここで言う職場のあり方とは，規模の大きい経営体であるか中小経営体であるか，私的な小経営体である，あるいはフリーランス的な仕事かという意味である。

すでに述べているように，規模の大きい経営体においては同じような仕事を複数で交代でやるという職場のあり方，そして中小経営体も多少の違いはあっても似たような職場のあり方ということになるであろう。そのような仕事を最初に（20代に）選択すると，大きくは3つの人生航路が想定されるだろう。1つは，いわゆる定年までその職場で仕事を続ける（定年後の過ごし方には異なる思考が必要）ケース，2つには，その職場で仕事を具体的に身につけてある時期に何らかの経営体を起業するケース，そして3つには，ある時期に最初に従事した仕事とは異なる仕事に転職するケース，が想定される。したがって（多分このほかにも異なるケースがあり得るであろう），仕事を選択するには，単に「向いていそうだから」というだけではなく，上に挙げた職場の条件をも考慮する必要がある。つまり選択に当たっては仕事の種類だけでなく経営体の種類もまた選択の条件ということにほかならない。したがって，選択にあたってはどんな仕事かということだけでなく，職場における制度的な条件と相互活動面での条件が加わることになる。

　このように多面的な条件を仕事の選択において考える必要があるが，これに加えて家庭生活もまた選択における条件であることも指摘しておこう。

〈番外編〉

　関連して番外編として若干加えておこう。もっとも新しいニュースの1つとして真鍋淑郎氏のノーベル物理学賞の受賞はまだ記憶に残るところであろう。報道によれば，真鍋氏は「家庭おける家事・子育てはすべて妻に任せて，研究に100％集中できた。その点で妻に感

謝しており，受賞はそのような二人三脚の結果だと思う」と語っており，一応研究者の端くれとしては，これは本当だと思った。似たような家庭生活について，日本人の最初のノーベル賞受賞者である湯川秀樹氏についても，夫人がかつて語ったこともあり，それによれば研究の邪魔にならないように日々の生活に細心の注意をはらっていたとのことである。両性の平等の声が大きくなっている昨今，そのような家庭生活のあり方にたいしては賛否両論があると思われるが，仕事によっては家庭生活も条件の1つだということの例として挙げた。一応は社会学者として生きてきた私自身は，上に挙げた人たちのように優れた仕事をしたわけではないが，社会学者としては年齢（キャリア）相当の仕事をしてきたと思っている。現代日本では社会（科）学者が研究を続けるに当たってはいろいろな条件があるが，家庭生活もまた重要な条件となっている。自然科学者と違って本を読むことや思索することについては時間的にはかなり自由である。しかし，これとても配偶者の理解があってこそ可能なのであり，ほんの少しだけ家事・子育てに時間を割いたというのが私の大学教員としての「現役時代」の生活であった。だからこそ現役を退いてもある程度の研究生活が続けられるのだと考えている。

▼ 人生航路と考える

　上で簡単に述べたように，仕事と家庭生活については，ただ好きだからとか自分にむいていると思われるから，というだけでは「選択」としては不十分であり，場合によっては悔いを残す人生になる可能性もある。ではどのように考えて多様に思われる生活を選択するのか。基本的には2つの面から考える必要があると思う。これは

現在でもほぼ同じであるが，新しく仕事に就くにしても新しく家族生活を始めるにしても，相対的に若い時点での感覚などで考えて選択をするだけでは不十分である。

　先に触れたように，10年後，20年後，さらにはより長期の人生を考えること，つまりどのような人生航路になるかを，その時点で可能なかぎり描いてみることである。現在と比較してみれば，仕事のあり方が（すでに述べたように）大きく好転していると考えられる100年後には，人生航路をより具体的に描きやすいはずである。すでに若干は触れているが，私は先に挙げた著書『キャリアの羅針盤』で基本的な考え方を述べている。それは21世初頭の現在の「生き方」論の1つであるが，100年後といえども基本的な考え方は同じであり，いや生き甲斐とのかかわりでは100年後の方がより求められる生き方ではないかと思う。

　一般的な生き方については，子どもの頃から考える機会が多くなっているはずであり，また人生・生き甲斐について考える材料も多くなっているはずである。そのような生活条件の下では，最初の仕事の選択も自由であり，自分にふさわしいと思われる仕事を選択することも可能である。しかし，それでほぼ満足しないで，長期（生涯の終わりまで）の生き方や生き甲斐を思い描くことは，おそらく現在よりも大事になっているのではないかと思われる。稼得活動が社会の経済状況によって大きく左右される現在では，長期的な展望がかならずしも確かではないが，100年後には生涯収入がはっきりしている（上限と下限はあるが）ので，長期の展望は当人の考え次第ということになる。そうすると，自らの人生航路については固定的に考えない方が望ましいであろう。

　一応の人生航路を描くにしても，いくつかの選択肢を組み込んで描いてはどうであろうか。若干具体的に考えてみよう。公的であれ私的であれ相対的に規模の大きな経営体での仕事が出発点の場合，定年まで同じ職場でラインの上位を目指すことは生き甲斐の1つの例であろう。しかし，その場合にもいくつかの選択肢を考えて人生航路を描くことが大事であろう。描いていたようなラインの上位へ行けないケース，途中で仕事に魅力を感じなくなる（生き甲斐でなくなる）ケース，あるいは家族構成員との関連で生活条件が変わるケースなどが想定される。その仕事に向いており好きで真摯に取り組んでいれば，それが生き甲斐にはならないこともあるということも想定してみてはどうであろうか。つまり，ある程度（30代前半か）の年齢になったら，一応は異なる人生航路もあり得るという想定で，可能な範囲で具体化してみるということである。

2．自由時間の拡大と活用

▼ 自由時間の活用

　職業選択の自由が保障されている社会的条件の下であっても，すべての人が生涯にわたって（定年まであるいは仕事ができなくなるまで）すでに述べている生涯仕事時間と生涯収入が確保されていることによって，自由時間の活用がかなり人生航路にとっては大事になると考えられる。

　前の節では主に仕事と家庭生活を念頭において展開したが，それだけでは不十分でありかならずしも生き甲斐に結びつくとはかぎらない。仕事そのものが生き甲斐であるという人がどれだけいるかは

わからないが，ここでは拡大した自由時間の下で，自由時間の活用ということを軸にして，生き甲斐について語ってみようと思う。仕事が生き甲斐という人にとっても，仕事ができなくなる（年齢，その他の条件によって）時期があることを考えるならば，大部分の人に適用可能な問題ではないかと思う。

　まずは仕事が生き甲斐である人の場合には，自由時間には仕事関連の活動に多くを費やすであろうことは，おおかたのうなずけるところであろう。それでも仕事時間が大幅に減っているので，このようなケースの場合こそ自由時間の活用が重要になってくる。生涯にわたって同じ職場で同じ仕事に従事する場合には，自由時間も仕事関連に費やしたいと考えることは当然と思われるが，2つの意味でそうでない活用が必要なのではないかと思う。1つはすでに「精神的必要時間」について述べたように，このような時間が生活には必要であること，もう1つは，定年後の仕事を離れる時期になっても新たな生き甲斐が必要であるということである。具体的に何をするかはそれぞれのケースによって多様であることは言うまでもないが，できるだけ仕事とは無関係な活動を選ぶべきである。

　次に仕事が生き甲斐のすべてではかならずしもない場合である。自由時間が仕事とは関係がない活動であることは上と同じであり，その意味も大きくは違わないが，このようなケースの場合には，自由時間の活用を複数の活動に当てるということが望ましいのではないかと思う（むろん1つの活動であることを否定するものではない）。そのような活用によって相対的に若い時には念頭になかったいろいろな過ごし方（生き方）についての知見が多くなり，より好ましい生き方あるいは生き甲斐が仕事以外にも見出せる可能性が大きいのでは

ないだろうか。つまり，仕事以外のことにいろいろとチャレンジしてみることにほかならないし，そのような自由時間は十分に確保されているからである。

　前の章で述べたこととやや重複するが，自由時間の活用を上で述べたように1つに限る必要はない，いや1つに限らない方が望ましいのではないだろうか（これまでの叙述も含めて時々は重複的に述べているが，私はある程度意識してそうしている。なにしろ大きな発想の転換をしているので，大事だと思われることを重複することによって読者には発想の転換を具体的に受け止めてほしいからである）。上で述べたことを例として具体的に考えてみよう。第1のケースでは，仕事の能力などをより向上させるという使い方が多いのは当然であるが，それ以外にも行き当たりばったりでもかまわないので，多少とも興味があるならば，仕事に結びつく以外の生活活動に当ててはどうであろうか。これには2つの意味があり，1つは仕事における活動の向上に結びつき，もう1つはそれと不可分だが，他の生活活動（他者のそれも含む）を具体的に知る機会をもつことになるであろう。第2のケースでは，第1のケースと同じことも言えるだけでなく，仕事も含めて異なる人生航路を新たに見出すこともあるだろう。ここでは典型的な2つのケースについて述べたが，他のケースであってもほぼ同じように考えてよいであろう。まとめて言えば，自由時間の多様な活用によって生活が全面的に豊かになるということである。

▼ 柔軟性が必要

　自由時間の活用だけではないが，何事かを新しく試みる場合には思考の柔軟性が必要である。私はこれまでに「生き方」について一

定程度述べてきたが，すべての人がそのように考えるべきだとはいささかも思っていない。「生き方」だけでなく，100年後の社会について，マクロな経済システムや政治・行政のあり方をはじめとして，ミクロな日常生活に到るまで多面的に展開してきたが，そのような展開には筆者である私の多様な思考（価値観）の要素が入っており，場合によっては独断，偏見と受け止められる部分があるだろうと予想される。しかし，はじめにもことわったように，この章の展開はかなり哲学的な性格であり，私自身の思想・価値観が根底にあるのであり，生き甲斐あるいは生き方について語るには，そのような主観的思考が入りこんでいても一向に差し支えないと考えている。ただし，大事なことはそれを絶対化しない，あるいは唯一の考え方としないことであり，そのようなことわりはこれまでも時々述べているはずである。

　私の述べていることはあくまでも参考素材としての例という性格であり，異なる価値観によって人生航路を考え得ることは当然である。かなり明瞭な価値観による人生航路についての考え方はおそらく複数あるであろう。さらには自分自身の独自な考えもあり得るであろう。その場合にどれが正しいとは言えないはずである。とするならば，自分とは異なる価値観をすべてではないにしてもある程度受け入れて考えるという思考の柔軟性が必要であると考えられる。

　人生航路についてだけではないが，成人してからの数十年はなにものにも代え難い年月ではないかと思う。その年月を生きていると実感できるような人生，あるいは生き切ったと思えるような人生の終末となるには，生きる上での活動・思考において柔軟性こそが大事であることを強調したい。仕事がない（失業）ことや経済的貧困は

すでに過去のものになっている。しかし，人間は仕事と生活経済だけで生きているわけではない。とするならば，それ以外の生活活動にどのような意味を見出すかが問われることになる。その問いにたいする対応は具体的には年齢によって違うかもしれないし，そのような問いがない場合もあるであろう。しかし，生涯でこの問いに一度も出会わないということはおそらくほとんどないのではないだろうか。柔軟性はそのような問いが生じた時に重要な考えを生み出すことになると思われる。具体的に付け加えるならば，それまでの人生航路と想定していた以後の人生航路を絶対化しないことが私の言う柔軟性である。いろいろな他者の生き方や考え方を参考にするには思考の柔軟性が大事である。ある考え方をほぼ全面的に採用するか，部分的に取り入れるか，あるいは参考程度にとどめるか，ということの判断には思考の柔軟性がかなり求められるのではないだろうか。私見では相対的に若い時には思考の柔軟性がおおむね乏しいであろうと考えられるが，それでも柔軟性を念頭においた方がよいであろう。そして可能ならばそれを活用したらよいであろう。そのような繰り返しによって加齢していくならば，加齢とともに柔軟性が増してくるはずである。そうすれば人生のなんらかの岐路に直面した場合には，積み上げてきた柔軟性が生かされることになるであろう。

▼ 具体的には

　人生行路と生き甲斐などについて基本的な考え方を展開し，とりわけ思考の柔軟性について強調してきた。そこで，さらに考える材料としてやや具体的な「人生」を付け加えておこうと思う。基本的

な考え方についてはこれまで述べた通りであり，現在でも通じ得る考え方なので，ここではいくつかの生き方をピックアップして私の考え方を実感し，可能ならばそれなりの活用をしていただければよいと考えている。

　これまた〈自由時間の活用〉で述べたようにいくつかのケースに分けて考える素材を具体的に示すということになる。まずは規模の大きい経営体での仕事に従事するケースについて，仕事そのものを生き甲斐にするのか，それとも仕事以外の自由時間の使い方に生き甲斐を求めるのかという選択肢がある。後者の場合には，自由時間の使い方の中に生き甲斐を求めるのか，例えば自由時間の多くを登山に当てる，あるいはその他好きなことに取り組むこと，といった人生航路が考えられるが，もう1つは，いわゆる「脱サラ」を想定しての準備に自由時間を使うという人生航路も考えられる。

　次に小規模なあるいは私的な経営体と言えそうもない仕事をしているケースがある。具体的には小規模な私的町工場や農漁業などを思い浮かべればよいであろう。すでに述べた新しい経済システムの下でそのような仕事に従事するのには2つの理由があると考えられる。1つは規模の大きい経営体での仕事が自分に合わないという理由，もう1つはその分野で独自に工夫してみたいという思いがあるという理由である。前者についてはあえて説明を必要としないであろう。後者については，現在でもそのような工夫が多様に試みられていることを思い浮かべればよいであろう。このようなケースこそは自由時間の使い方が大事になるだろう。とりわけ生産物についていろいろと独自に研究・工夫するというのが特徴なので，仕事の一部として自由時間を少なくしてしまう傾向は避けられないと思われ

る。ここで強調したいのは自由時間を少なくし過ぎないことである。自由時間が少ないと（現在の自由時間の少なさを想起），おそらくワンパターンの休養に充てる者が多いのではないだろうか。そうすると私の言う柔軟性が乏しくなるだろうし，さらには次節で述べる「無為の時間」などは念頭になくなるのではないだろうか。自由時間の活用については，ケースによっては多少は少なくなる自由時間を，これまでやや一般的に述べた活用と同じように考えるのがベターであると思う。複数の自由時間の活用をほぼ常態化することによって，仕事についての研究・工夫にも予期しない何かがおそらく生じるかもしれない。

　なんらかの経営体に属するか属さないかを問わず，個人の専門的力能にかかわるような多様な「自由業」についてもまた上と同じような考え方でよいと思われる。若干例示すると，プロのアスリート，芸術家，芸能人，多様なフリーランスの仕事などきわめて多岐にわたっている仕事を想起すればよいだろう。これらの仕事もまたそれぞれの仕事に応じた技能を磨く時間の必要性から自由時間が少なくなると想定されるが，そのようなケースでも考え方は上の例と同じである。仕事と全く関係がないような自由時間を持つと，これまた仕事にプラスになる何かを得ることがあると思われる。

3.　無為の時間をめぐって

▼ 時間の使い方

　ごく当たり前のことであるが，現在の相対的に多数の人々は，勤勉に無駄なく時間を使うことが大事だと思っている。だから，後発

国の人々の一定の部分があまり働かないと，怠け者だと思う人も多い。後発国の人々のあり方はともかくとして，「無駄なく仕事をする」ということが果たして至上価値と言えるのであろうか。前近代社会では最上層をのぞいては働かざるを得なかった。そして近代社会ではいわゆる近代的合理主義という思惟が支配的になって，これまた相対的に熱心に働くことが人間の評価の重要な基準になっている。しかし，仕事時間が著しく短くなり，余暇時間（＝精神的必要時間）が多くなるならば，そのような価値観を転換する方がよいのではないかと思う。

　現代日本では，定年以前には熱心に働くことが生活活動の大部分であることは，おおかたの認めるところであろう。だから，ビジネスマンが定年後に暇をもてあますあるいはどうやって日々を過ごすかわからない，そして配偶者からは「粗大ゴミ」とも思われる，といった例をこれまたしばしば見聞するであろう。そこで発想あるいは価値観を転換して，生涯にわたっての生活時間の使い方について考えてみよう。

　具体的にどの年齢から始めるかは明言できないが，ある時期には自らの人生航路を振り返ってみると同じことでもあるが，時々は自らの時間の使い方について振り返ってみるということが人生には必要ではないだろうか。一方では，10年，20年，それ以上の年月の人生に思いを馳せると同時に，他方では，以前の人生についても懐旧の思いではないかたちで時々は顧みてはどうであろうか。そんなことを念頭において，私はいわゆる無為な時間を意識的にもつことを勧めたい。

　ある年齢（50歳前後）になったら単に懐旧の思いではないかたちで

それまでの人生航路を振り返ってみてはどうであろうか。大部分の
人はよく仕事をしたとか，レジャーを楽しんだとか，何らかの趣味
に没頭したとか，という人生が思い浮かぶのではないだろうか。そ
こで私が提起したいのは，これに無為な時間を過ごすことを加える
ことである。

　やや番外編的になるが，私自身の体験について少し語ろう。40歳
の時に著書を出版した印税が月収の何倍もの臨時収入として入って
きた。そこでその年の夏休みに1週間ばかり温泉宿に泊まり込んで，
時々は本も読んだが，産まれてからはじめての贅沢な時間と言える
過ごし方である無為の時間として費やした。このような時間をもつ
ことによって2つの意味で得るところがあった。1つは言うまでも
なくそれまでの超多忙な生活の疲れから解放されたことである。も
う1つは，私の人生航路における現在の位置がかなり明瞭になると
同時に自分のパーソナリティとりわけ人間関係におけるそれを確認
し，その後の人生航路の大事な参考としたことである。このような
過ごし方が好ましい時間だと思ったので，その後は独身の間だけ同
じような無為の時間を夏休みにつくることにした。つまり，無為の
時間の効用？ということを実感したことにほかならない。

　私はまた，20世紀末から20年間余り毎年中国大陸に滞在する過ご
し方もした。この場合も中国について研究するということが主な理
由ではなく，むしろ中国という外国でこそいろいろな人間関係から
解き放されて無為の時間をもちやすいという理由の方が大きいであ
ろう。だから帰国すると，知人からは元気になったと言われるので
ある。このようないくつかの体験から無為の時間をもつことの大事
さがいつのまにか身についたようである。したがって，これまた発

想の転換として，全く仕事をしないでいるのはともかくとして，何らかの仕事に従事している場合に「時は金なり」という言葉に示されているような考えを転換して，無為の時間の必要性をある程度念頭におくのが望ましいのではないだろうか。

▼ 生き甲斐を求めて

　「生き甲斐」あるいは「生きている意味」についていろいろな角度からかなり「自由に」展開してきたが，そろそろ最終部分に進むことになる。諸個人の生活活動をめぐって，生き甲斐あるいは生きている意味をめぐって述べてきたが，私が若干とも具体的に示したことは，こんなあり方も考えられるという参考素材としての性格のものである。いくつか述べた私の基本的な考え方の主張は，はじめに述べたように，「生きている」あるいは「生きている意味がある」というのが人生ではないかと思う。余談的な言い方になるが，21世紀の現在の日本社会で，自分が生きているあるいは自分が生きていることに意味がある，と思える人はどれだけいるであろうか。そのように思えないにしても，圧倒的多数の人はおおむね一生懸命に生きているはずである。私は一生懸命に生きることをいささかも否定するものではない。また大抵の人は一生懸命に生きざるを得ないであろう。しかし，先に無為の時間の必要性に触れたことでもわかるように，無為の時間などはあまり考えられないというのが，一生懸命に生きざるを得ない現在のような日本社会ではやむを得ないかもしれない。さらには，人間は何らかの仕事に好きで取り組むならば，「一生懸命になるな」というのは無理あるいは無駄かもしれない。

　しかし，かならずしもそうでない22世紀の社会的条件の下では，

とりわけ仕事をしない時間が大幅に増えた社会的条件の下では，仕事などにたいして一方では一生懸命に取り組みながらも，他方では，自由時間を「有効に」使うという過ごし方でよいのかということが問われるのではないだろうか。「有効に思われる」ように時間を使うことも生き甲斐あるいは生きていることの意味であるかもしれないので，そのような生き方をいささかも否定するつもりはない。しかし，上でも述べたように，自分では無駄な時間と思われる時間（有効ではないと思われる時間）が本当に全く無意味なのであろうか。繰り返しになるが，私は無意味だとは考えていない，いや無意味というよりは自由時間の過ごし方の一部分ではないかと考えている。自由時間の使い方についてすでにいくつかの例についてやや具体的に述べたが，その使い方のなかに無為の時間も組み込んではどうだろうかというのが私の考えである。もう少し具体的に付け加えるならば，例えば睡眠から覚めた時にはしばしの間ぼうっとしている，その他何かをしている途中や取り組んでいることに区切りがついた時などにもやはりいくばくかの無為の時間を当ててはどうであろうか。ここで注意をうながしたいのは，ごく自然にそうするということである。余談めいたことになるが，ほとんど仕事だけで忙しく過ごしている友人に，時には何か文化的なものに触れる時間をもってはどうだろうか，とさりげなくアドヴァイスしたことがある。そうすると彼はその必要性を受け止めて 1 カ月に 1 回はそのような時間をつくることに決めたそうである。これでは自然ではないのではなかろうか。事実としても，そのような時間を定期的にもつことがやがて逆に彼の負担になってきたようである。

　無為な時間をもつとは，上で言及したように，無為の時間をもた

ねばならないと思ってつくることではない。ごく自然にそうであることが望ましいのであるが、それほど簡単ではないであろう。そこですでに述べた人間形成・維持・発展ということすべてにかかわるのであるが、人間形成の時期（かなり年少）から、そのような時間を自然にもてるように、そして習慣あるいは習性になるような人間形成に、かかわりのある周囲の人の大部分がそのような関与の仕方をすることである。したがって、まだ習性にはなっていない成人にはやや意識的にこのことを追求することが求められることになろう。

▼ 気持ちの持ち方が大事

この節では主に時間の使い方を軸にして述べてきたが、諸個人が生き甲斐を求めるにあたっては、時間だけでないことは言うまでもない。そこで最後に、これは例外なく大抵の人に当てはまるだろうと思われるが、時間であろうが人間関係であろうがあるいは自分ひとりでの活動であろうと、そのあり方は自由であるが、自由がそのまま生き甲斐や生きる意味にはかならずしも直結しないと考えられる。

100年後に想定される自由時間の拡大と生涯収入の確保という条件の下で、これまで生き甲斐とか生きている意味をめぐって、いくつかの面から述べてきたが、それでもまだ足りないあるいは納得できないという受け止め方はあるであろう。そこで最終的な帰結に移ろうと思う。項題に「気持ちの持ち方が大事」を採用したが、これは21世紀初頭の現在のことではないことをまずは確認しておこう。現在も「気持ちの持ち方が大事」という意見があるだろうし、またそのような表現を見聞することもある。しかし、現在では無条件に

そのように言うことができないのではないかと思う。現在そのように言われるのは、かならずしも好ましくない社会的条件や人間関係の下で、しかもそのような条件が簡単に変わりそうもない状況の下でそのように言われるのではないだろうか。しかし、気持ちの持ち方によって人々の置かれている社会的・自然的条件が好ましい方向に進むとは、現状の下ではほぼ言えないのではないだろうか。そうすると、とりわけ好ましくない生活条件の下で生きている諸個人の生活が気持ちの持ち方で変わるわけではない。極端でやや暴論的な言い方をすれば、現在の人々を取り巻く生活・社会的条件のあり方におおむね肯定的であり、気持ちの持ち方などほとんど問題にならない一定の人たちの言動ということになるのではないだろうか。どのような人たちの言動についてであるかはあえて言う必要がないであろうと思われる。したがって、そのようなことわりを入れて（私の叙述が現在と100年後の想定を行ったり来たりしているので）100年後の気持ちの持ち方について若干加えておくことにしようと思う。

　すでに述べたことではあるが、生活・社会のあり方については、人々の生活活動がかなり自由であるように整備されている。だから、仕事をしている年齢（ほぼ70〜75歳頃）では、生き甲斐とか生きている意味などはあまり気にしないかもしれない。ほとんど生涯にわたって仕事をしているケース（多分少数）ではこれまた同様であろう。問題は仕事をリタイアしたあとの生活であろう。現在、先発国では高齢社会あるいは高齢化の進展といった情況にある。ごく一部の人には「不老不死」の社会が到来するだろうという予測がないわけではない。また実際には「人生100年時代」とも言われている。私の独断かもしれないが、70歳を過ぎると心身の衰えを感じる人が多いの

ではないだろうか。加えて私は「不老不死」などは人類社会にはあり得ないだろうと思っている。また「人生100年時代」と言われても，どれだけの人がそのような年齢まで元気に生きているかは，甚だ疑問に思っている。仮に100歳だとしても，70歳以降の生活のあり方が問われるのではないだろうか。そこで，すでに述べた欲求という面から考えて，本論の最終的帰結としたい。

　再三述べてはいるが，それぞれの人生航路においては，相対的に若い時からかなり先までの人生航路を念頭に置くことが大事だということを再確認しておこう。これまではかならずしも述べていないきらいがあるが，人間存在における欲求という視点を入れることがこの最後の叙述部分の大事な点である。

　生活を営む条件がおおむね満たされていても，人間は果たして継続的に満足して生きているであろうか。欲求という観点を入れると，その点ではかならずしも全面的に満たされてはいないのではないだろうか。考えてみると，加齢とともに生活条件が変化するであろうし，大部分の人においては当人の欲求もそれに応じて変化するはずである。しかし，多様に変化する諸個人の欲求を充足するために，その時その時の生活条件が変わるわけではないし，また簡単に変えることができないであろう。つまり，この点から考えられることこそが気持ちの持ち方にほかならない。この章の題にある楽しみについてはほとんど触れなかったが，私見では生き甲斐と楽しみはほとんど同じであろうと思われる。生き甲斐のあることに取り組んでいる場合，その過程ではきつくて苦しいこともあるだろうが，それを乗り越えた成果が楽しみあるいは喜びであると思う。100年後といえども，加齢に応じて当人の欲求やまわりの条件が変わるだけでなく，

気持ちもおそらく変化すると考えられる。そうすると相対的に若い
時（60歳前後を想定）と違って，人生航路を大きく変える（いわゆるや
り直し）ことができないはずである。そうすると現在もそうである
が，人生の終盤においては楽しむ気持ちの持ち方がかなり重要に
なってくることは，100年後といえども変わらないはずである。

エピローグ

　私が描く試みをした100年後の未来社会は，21世紀初頭（2020年頃）において考えられ得るかぎりの未来像である。未来社会の展望が大事であると思っている有識者は，私の未来社会像とは異なっていても，本書のような未来社会の設計図を，今こそ可能なかぎり具体的に描くことが必要であると考える。なぜ有識者なのか。

　現在の日本社会では，政界の関係者は当面の課題への対応に多分忙殺されているであろう。経済界の関係者もおそらく同じであり，しかも資本主義経済システムを大前提としているであろう。そして多くの日本人は日々の稼得活動やその他の活動（私の言う仕事）などに追われていて，社会（世界）全体の未来のあり方を長期的に考える余裕に乏しいのではないだろうか。ただし政界の関係者には短期的な未来だけでよいのかという提起はしておきたい。それだけではなく，現在の教育の実態がそのような思考をするような性格になっていないこともほぼ明らかであろう。また，テレビの時事的なワイドショーに出演している有識者としてのコメンテーターや評論家の言では，事実についての情報を多くもっており，現状分析と対症療法的な短期的提案などには時々は聴くに値すると思われる発言もあるが（実現可能かどうかはともかくとして），それ以上の発言はあまりないようである。新聞や出版物のようなマスメディアで取り上げられている言動には，時々はそのような思考を垣間見ることができるが，やはり短期的展望であったり部分的な見解であることが多いようである。そこで以下では，(3) のやや先取り的なかたちのような叙述も

まじえながら本書を結ぼうと思う。

　これまで述べてきているなかで，私はしばしば発想の転換の必要性を強調し，そして発想の転換をどのようにするかについて，言葉の使い方あるいは変更も含めて若干は具体的にも述べてきた。ほとんどの人がほぼ知っており，いまでは普通に使われている「持続可能な開発」などはその例であるが，当初（20世紀末には）Sustainable Devclopment の日本語訳としては「持続可能な発展」と表現されていた。私が最初であるかどうかはわからないが，私は早い時期（20世紀末に言われ始めた頃）から「持続可能な開発」というべきだと表明していた。つまり表現によって発想の仕方も含めてその意味が違ってくるということにほかならない。当初の「持続可能な発展」という言い方には，当人が意識しているかどうかはわからないが，その根底には資本主義経済システムの下での GDP で示される経済的発展という思考があると言える。最近では持続可能な開発や持続可能な社会という表現が多くなっているが，その場合に経済至上主義という発想の転換がどれだけ意識されているかはわからない。また政治家のほとんどがそうであろうと思われるが，政策としても（選挙などで）国民に訴えるスローガン，キャッチフレーズには，近代社会としての国民国家がこれまた思考の根底にあると言える。しかし，訴える当人も聴いている人々の多くもそのような非意識的な思考には思いも及ばないであろう。

　これまでにも若干は触れてきたのだが，発想の転換による言葉の使い方について，重複することを承知で具体的に例示しておこう。これは次の (3) の思考の基本になっていると考えており，このことはいくら強調しても強調し過ぎることはないであろう。これはいろ

いろな分野の専門家は言うに及ばず，普通に生活している多くの
人々には非意識的先入観となっていることも，考え直してほしいと
いう私の訴えをも意味する。

　現在の社会情況とりわけマスメディアとインターネット情報が
人々の意識形成に大きく作用している情況の下では，発想のそのよ
うな転換はおそらく難しいであろう。しかし，人類にとって好まし
い未来を求める（期待でも良い）ならば，発想の転換がそしてそれに
もとづく可能な活動を多くすることがぜひとも多くの人々に必要で
あることを強調したい。これまでに述べたことではあるが，21世紀
にも継続している20世紀までの「近代社会」に根付いていてほとん
ど非意識的な思考の前提になっている発想の転換について，強調す
るという意味でやや整理して示しておこう。

　まずは経済的思考を発展の唯一のとまでは言わないが，1つの国
の「発展」の基準におおむねなっている発想を転換することである。
いわゆる GDP で示される数字とさらには世界各国のランクづけが
「経済成長」として語られることを想起すればよいであろう。そもそ
も GDP とはどのような要素によって示されているのか，正確にわ
かっている者はどれだけいるだろうか。経済学が専門でない私が言
えることは，軍事的な生産もそれに組み込まれているという事実を
もってしても，社会発展の基準とすることがふさわしいかどうかは
疑わしい。なにげなく使われている GDP の具体的内容（構成要素）を
きちんと示して確認する必要があるのではないだろうか。さらには，
GDP だけではなしに国民生活との関連も含めて，社会発展の指標に
ついては多様に論議する必要もあるのではないだろうか。

　次に，未来を展望するに当たっては，おそらく経済的思考以上に

重要だと考えられる発想として，近代に成立した「近代的国民国家」を前提とすることの再検討である。これはすぐあとで述べる「資本主義的経済システム」と不可分であるが，民族問題ともからんでこれを発想の前提としない方向への転換である。その必要性については，(1)で国家エゴということを軸にしてすでに述べている。その弊害については，国連の機能が相当に麻痺していること，いわゆる「大国」の拒否権がおおむね国家エゴにもとづいていることを想起するだけで十分であろう。

ここでぜひとも確認しておく必要があるのは，〈資本主義的経済システム〉が暗黙の前提にある発想の転換である。この経済システムがいわゆる産業革命に端を発して，近代の国民国家の進展と結びついて「発展」してきたことは歴史的事実である。つまり，人類社会の進展（あるいは発展）における歴史過程の1つの位相ということにほかならない。つまり経済システムは歴史的に何回か変動しており，今後も変動しないとは言えないということになり，未来を展望するにあたっては〈資本主義的経済システム〉がこれからも変化しないことを前提とする発想を転換することである。このような発想の転換は経済システムに限ったことではない。

思想的・政治的立場をめぐっても言葉の表現を含めて発想を転換する必要がある。以前から継続して言われており，ほとんどの人がほぼ疑いもなく前提にしている発想として，資本主義，自由主義，新自由主義，社会主義，共産主義などの「○○主義」と言われている立場である。そしてまた異なる思考として政治的に左派，中道，右派あるいは保守，革新という思考（表現）を挙げることができる。そのような思考との関連で，左傾化・右傾化という評価もなされてい

る。そのような発想と表現は前世紀の遺物と考えるという発想の転換である。考えてみればわかるように，資本主義はともかくとして，他の主義・主張はきわめて曖昧である。若干指摘するならば，やや生臭い話になるが，1つの政党の中にも右派と左派（左傾化・右傾化も）があると言われる評価があり，またそのなかでも保守と革新があり，あるいはそのように唱える政治家がいる。また社会主義・共産主義については具体的な内容が不明瞭である。したがってもしこのような表現を使うならば，その内容をきちんと示す必要がある。その他にも思想的立場として多様な表現があるが，このような指摘で発想の転換の必要性が肯けるのではないだろうか。

　ではどのように発想を転換するか。すでに述べてはいるのだが，政治などだけでなくあらゆる生活分野にたいして，私の言う民主主義で十分であると考えている。すなわち，民主，非民主，反民主という基準である（民主主義については再三触れているので繰り返さない）。実際には人によってあるいは集団・組織によってはいろいろな思考が混在していると思われる。具体的には(3)で述べることになるが，そのためには日常生活・日常活動に注目することがポイントになるであろう。

　日常生活・日常活動への注目は，民主主義（だけではないが）について考えるには最重要な視点と言ってもよいと考えて，私の中学時代(1950年前後)に学んだ民主主義についてはすでに述べている。その時得た大事な点を一言で言えば，日常生活に生かされる民主主義こそが本当の民主主義だということである。これまた(3)を少しばかり先取りすることになるが，政界をはじめとした各界の指導層とりわけ政界の指導層にはいわゆる「失言」がしばしばあり，その都

度，発言の取り消し，陳謝，言い訳などが繰り返されている。誤解
されるかもしれないが，私見では，日常生活での民主主義が身につ
いていなくて，女性やマイノリティーなどへの差別的発言がなされ
ている，換言すれば，そのような失言がその政治家などにとっては
ホンネではないかと思われるのである。

　発想の転換についてはさらに付け加えることができるが，ここで
は重要と思われることにとどめて，他の転換については本文から読
み取っていただきたいと思う。そこで最後にこのような発想の転換
について予想される評価に簡単に触れておこうと思う。あらためて
確認すると，私は理想主義的現実主義というスタンスでこれまでの
論述を進めてきた。そうすると，「そうはいうものの，理想主義に傾
斜しているのではないか，非現実的なのではないか」という批判が
当然出てくるであろう。本当にそうなのか。

　私の専門は社会学理論であり，これに社会学史などが若干加わる
（ここで専門というのはそれについての専門書あるいはそれに匹敵する論
文を公表していることを意味する）。非専門の人にはあずかり知らない
ことであるが，最近の日本の社会学界（多分他の社会科学でも）では理
論と「現実分析」の乖離ということがしばしば言われている。現実
の変化と多様性に応じて学問の細分化が次第に進行しており，ある
意味ではやむを得ないことかもしれない。しかし，全体としてのあ
り方がそうであっては好ましくないと考えられる。理想と現実の対
比になぞらえるのはかならずしも適当ではないかもしれないが，社
会学の前進的発展にとっては理論と現実の往復運動的思考・研究が
大事である。これとやや似たように，未来社会の展望にとっては，一
方では理想主義的思考によって考えるが，他方では常に現実主義的

思考に立ち返ることも要請されるはずである。私はそのような思考の往復を次の (3) で展開し，私の理想主義的現実主義が決して非現実的ではないことを示そうと思う。そしてそのような思考の往復的運動に人々の主体的活動が諸個人から集団・組織・社会機構，さらには1つの国家社会，複数の国家社会，そして世界という位層に主体的活動が広がることによって，人類の明るい未来が必ずや開かれることを確信しながら本書を終えることにしよう。

著者紹介

飯田 哲也（いいだ　てつや）

1936年　富山県生まれ
1969年　法政大学大学院社会科学研究科社会学専攻博士課程満期退学
現　在　文学博士　立命館大学名誉教授
著　書　『家族の社会学』ミネルヴァ書房　1985年
　　　　『テンニース研究』ミネルヴァ書房　1991年
　　　　『社会学の理論的挑戦』学文社　2004年
　　　　『現代日本社会論』学文社　2008年
　　　　『現代日本の社会学史』学文社　2014年
　　　　『中国放浪記』学文社　1997年
　　　　『キャリアの羅針盤』学文社　2011年
　　　　『アースヒストリー（1）』学文社　2019年
編　著　『現代社会学のすすめ』学文社　2016年
　　　　『新・人間性の危機と再生』法律文化社　2001年
　　　　『現代中国の生活変動』時潮社　2007年
　　　　『公共性と市民』学文社　2009年
　　　　『保育の社会学』学文社　2014年

アースヒストリー（2）

2022年7月1日　第1版第1刷発行

著　者　飯田哲也
発行所　株式会社学文社
発行者　田中千津子

〒153-0064　東京都目黒区下目黒3-6-1
Tel. 03-3715-1501　Fax. 03-3715-2012

ISBN978-4-7620-3177-9